JN026211

サクッとわかる

ビジネスモデル

ビジネス教養

山田英夫 監修
早稲田大学大学院経営管理研究科教授

新星出版社

はじめに

introduction

激しく変化するビジネスの世界も
ビジネスモデルを理解すれば、本質が見える

ブロックチェーン、DX、AIといった技術革新や、新型コロナウイルスの蔓延、不安定な国際関係など、毎年のように大きく環境が変化している現代。変化そのものが大きいのはもちろん、変化のスピードが年々速くなっていると感じる人も多いのではないでしょうか。

ビジネスの世界でも大きな変化が起こっており、ここ数年でサブスクリプションモデルやシェアリング・エコノミーの台頭がありました。時流に乗り遅れないため、こうした変化を学ぶのは大切なことですが、ひとつひとつケースを追っていくのはとても大変です。そこで有効なのが、ビジネスモデルを理解し、ビジネスの全体像をつかむことなのです。

といってもビジネスモデルも、厳密な研究をするとなると、企業の成り立ちや、社会的な背景なども考慮する必要があり、慣れない人にとっては、どうしてもわ

かりづらくなる部分があります。

本書では、Section1でビジネスモデルを構成する重要な要素、Section2では業界ごとに王道のビジネスモデルと、その業界で生まれた特徴的なビジネスモデル、Section3では成長を続ける企業に隠されたビジネスモデルの秘密を紹介しています。

難しいフレームワークなどはなるべく避け、専門用語も極力使わずに企業の事例を多数掲載していますので、気軽に読み進められると思います。ぜひ、「どうやって儲けの構造をつくったのか」という部分に注目してください。

ある業界には精通していても、ほかの業界のことはあまり知らないというビジネスパーソンは少なくないでしょう。異なる業界のビジネスモデルを自分の業界にうまく応用できれば、きっと新たなチャンスが広がっていくはずです。

山田英夫

サクッとわかるビジネス教養　ビジネスモデル

目次 CONTENTS

Section 2

業界ごとに見てみよう！
王道のビジネスモデルと、特徴的なビジネスモデル

Section 3

「なんであんなにうまくいく？」
成長する企業に隠された ビジネスモデルの秘密

STAFF
デザイン　鈴木大輔・仲條世菜（ソウルデザイン）
イラスト　前田はんきち
DTP　高八重子
企画　千葉慶博（KWC）
編集　KWC

※本書は2022年12月時点の情報をもとに制作しております。

Prologue 1

ビジネスモデルとは

明確な定義はないビジネスモデル

現代のビジネスパーソンにとって、ニュースやビジネス誌などで度々耳にする言葉。ビジネスモデルという言葉。では、「その定義は？」と聞かれて、はっきりと答えられる人は少ないのではないでしょうか？

それもそのはず、ビジネスモデルには「端的にコレ」という明確な定義はないのです。一般的には、「ある

儲けるための仕組み

ビジネスが『誰に』『何を』『どのように』、付加価値を提供して収益を得るのかを示したビジネスの仕組み」などといわれますが、それでもよくわかりません。

そこで、**本書ではサクッと理解するため、「儲けるための仕組み」と広めに定義**します。企業が利益を得るためにしている取り組み——研究開発や製造、販売、マーケティング、経営戦略——を見ていきましょう。

マネされない秘密がある

Prologue 2

成長する企業には

成長する企業に共通しているある秘密

少し前に話題になったビジネスモデル特許。しかし、ビジネスの世界では、公平で健全な市場競争がある状態が望ましく、一企業による独占を防ぐため、ビジネスモデルそのものに特許が認められることはほとんどありません（ビジネスモデルに特許が成立するには、何らかの技術的な発明が関わっていることが必要です）。そのため、優れたビジネスモデルでも、**ほかの企業にもできるものであれば、すぐにマネをされてしまうのは当たり前のことなのです**。新しいビジネスモデルで安定して利益を生むには、ノウハウやネットワークが豊富な大手企業にマネをされないことが必須といえるでしょう。

成長をしている企業には、ほかの企業が簡単にはマネできない秘密が隠されているのです。

ネットでの
集客なら
価格を大幅に
下げられる！

総合型から、限られた分野の特化型、そして顧客へのオーダーメイドへ

変化を続けるビジネスモデル

プロローグの最後に、ビジネスモデルの傾向を見てみましょう。

ある商品やサービスを生み出すなかで、ひとつの企業内で開発から製造、アフターサービスまですべてを行っていた状態から、例えば製造やデータ分析だけを行う専門企業が増加。さらに今後は、**顧客のニーズに合わせ、いくつかの要素を**

組み合わせて提供する企業も増えてくるでしょう。

また、ものづくりからサービスへの転換も代表的な傾向です。日本を代表する産業であった製造業ですが、ここ数十年で利益率が大幅に低下しています。そこで、「売って終わり」という状態から、**長期間にわたって手厚くアフターサービスをすることで、高い利益率を生み出すビジネスモデルへの転換**を進めている企業が増加しているのです。

売って終わりのものづくりから、アフターケアするサービスへ

COLUMN

1

数多くのメリットがある「ものづくり」から「サービス」への転換

P15で紹介した「ものづくり」から「サービス」への変化ですが、これには利益率の向上以外にも、さまざまなメリットがあります。

まずは、**「景気の影響を比較的受けにくい」**ことはメリットの1つ。景気が悪くなると設備投資を停止する、例えばコピー機などの新規導入を避ける企業が多いでしょう。しかし、コピー自体を止めることはないため、景気が悪化してもコピー機のメンテナンスなどのニーズはなくならないのです。

また、**「顧客との距離が近くなる」**のも大きなメリットです。売るだけのビジネスでは、顧客との接点は販売したら終わりですが、継続したサービスであれば定期的に接点が生まれます。これにより、顧客のニーズを把握したり、アクティブな顧客リストをつくったりできるのです。さらに、故障の原因なども究明しやすくなり、商品開発に生かすこともできるでしょう。

もうひとつ大きなメリットとして、**「中古市場のコントロールができる」**こと。販売してしまうと、販売した企業側では、その後のコントロールは難しいため、中古市場が生まれ、新品の値段が下がってしまう可能性があります。しかし、売らずにリースなどにしておけば、中古市場が生まれず、値崩れを防ぐことができるのです。

Section 1

「ターゲット」に「バリューチェーン」、「ニッチ戦略」……

ビジネスモデルを構成する要素

本書では、ビジネスモデルを「儲けるための仕組み」と定義しています。こうした仕組みを構築するには、どのような要素を考える必要があるのでしょうか？ Section1では、その一部を紹介します。

本当のお客さまは、一体誰なのか…
ターゲットをデザインする

ターゲットを考えれば、企業のビジネス戦略が見えてくる

ビジネスにおいて重要なターゲットは、流行のアイテムなら若者、ICチップならPCメーカーなどは、わかりやすい例ですが、明確に決められないこともあります。**商品の購入を決める「意思決定者」と「購買者」、「使用者」が異なる場合があるのです**。例えばランドセルは左図のようなケースが多いでしょう。そのためビジネスでは、本当のターゲットを吟味する必要があるのです。

また、企業にとっての〝ターゲットの変化〟を追うと、戦略が見えてくることもあります。例えば、日本ゴアは、消費者の目に触れにくい素材メーカーですが、「ゴアテックス」という素材の名前をつけてアピールし、利益率向上を実現。また、星野リゾートのターゲットは宿泊客ですが、ホテルの運営受託事業をはじめ、競合だった企業もターゲットに巻き込みました。このように、**成長する企業は、ターゲットを戦略的に設定している**のです。

本書に登場する関連ビジネス

星野リゾート（P32）、ワークマン（P60）、日本ゴア（P62）、ブリヂストン（P68）、青梅慶友病院（P88） など

本当の“お客さま”とは…

ランドセルは、実際の購入を決める「意思決定者」が両親、「購買者（お金を出す人）」は入学祝いとしてプレゼントする祖父母、「使用者」は子どもであるケースが多いでしょう。

ターゲットを再定義する

青梅慶友病院 患者 → 患者 ＋ 患者の家族

高齢者専門の病院として、ターゲットを患者と、入院などを決める患者の家族とした。

日本ゴア アパレルメーカー → メーカー ＋ 一般消費者

消費者にはわかりにくい素材メーカーだが、「ゴアテックス」という名前を直接アピール。

ワークマン 作業者 → 作業者 ＋ 一般消費者

アウトドアにも使える高い機能性が認知され、機能性ウェアとして一般消費者もターゲットに。

星野リゾート 宿泊客 → 宿泊客 ＋ 競合ホテル・旅館

宿泊客に加え、昨日まで競い合っていた競合の宿泊施設も顧客にできた。

ブリヂストン 現場の運転手 → 経営層

タイヤの販売ではなく、タイヤをケアするサービスの場合、契約をするのは経営層。

ビジネスの価値を生むフローの一部と全部、どっちをになう
バリューチェーンとアンバンドリング

ビジネスにおいてどうやって価値を生み出す？

事業において、**価値を生み出す一連の流れ**を**バリューチェーン**と呼びます。主活動と支援活動にわけられ、製造業の主活動は、原料を調達する購買物流から製造、出荷物流、販売・マーケティング、サービスまでの流れ。支援活動は、全般管理、人事・労務管理などを指します。バリューチェーンの主活動を分析すると、事業が価値創造をするなかで、どんな役割を果たしているかが見えてきます。

バリューチェーンを束ねることを「バンドリング」と呼び、古くは、バリューチェーンは1つの企業内で完結することが珍しくありませんでした。現在では、規制緩和などの影響もあり、**バリューチェーンを切り離す「アンバンドリング」**で、特定の部分に特化することも一般的です。さらに、今後は、**切り離された要素をターゲットのニーズに合わせて再統合する「リ・バンドリング」**にビジネスチャンスがあるといわれています。

本書に登場する関連ビジネス

セブン銀行（P54）、IQVIA ソリューションズジャパン（P92）など

バリューチェーンとは

企業がビジネス活動を行って価値を生み出すまでの、川上から川下までの流れ。価値連鎖と呼ぶ。業種ごとにさまざまなバリューチェーンがある。

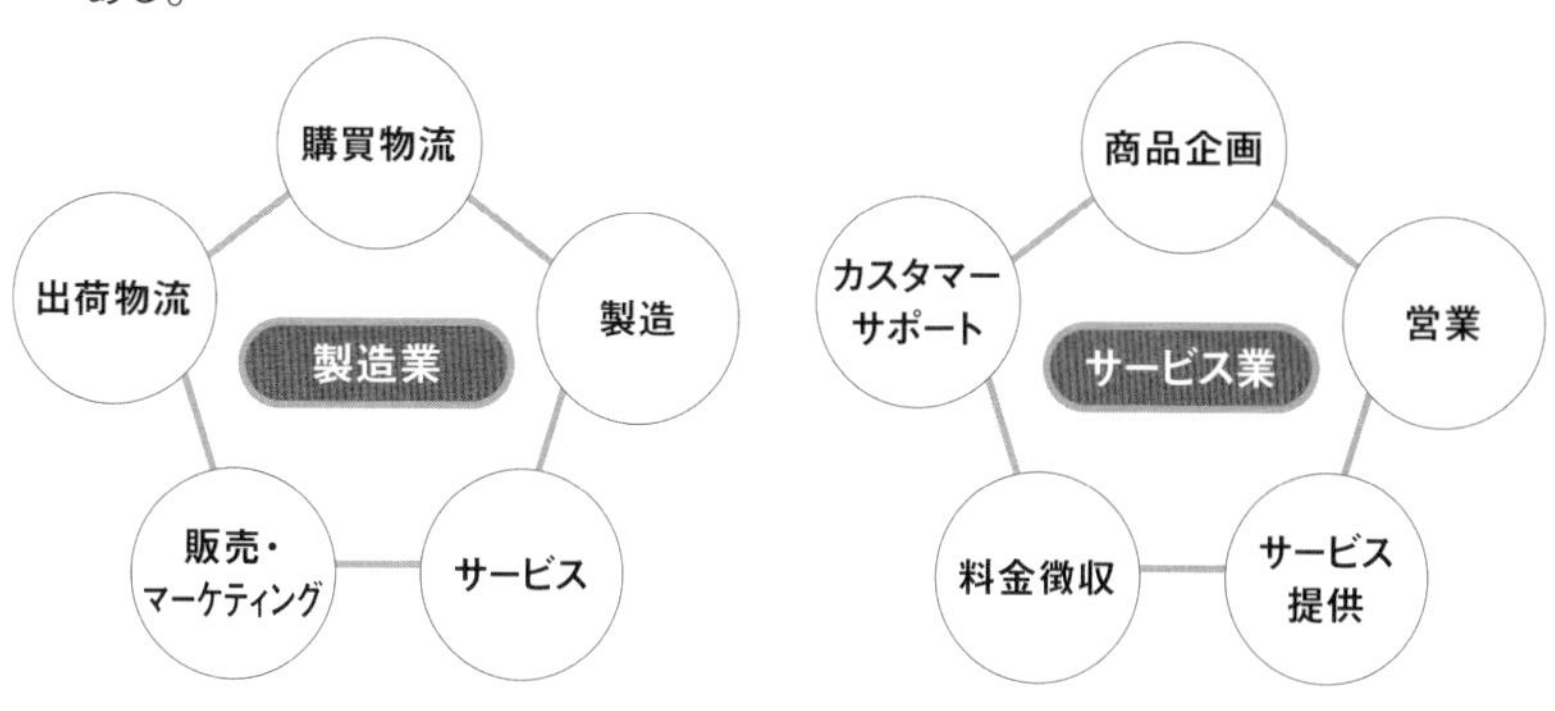

統合と分離、再統合

バンドリング（統合）

A社

商品企画 → 営業 → サービス提供 → 料金徴収 → カスタマーサポート

例 電通　など

アンバンドリング（分離）

B社：商品企画 → 営業

C社：サービス提供

D社：カスタマーサポート

例 セブン銀行、IQVIA ソリューションズジャパン　など

リ・バンドリング（再統合）

ターゲット❶ → 購買物流 → 製造 → 出荷物流（E社）

ターゲット❷ → 販売・マーケティング → サービス（F社）

よく聞くけれど、ビジネスでは異なる意味をもつ

差別化戦略とニッチ戦略

一般的に差別化は、追求するとコストが上がります。そこで有効なのは、**差別化とともに顧客に見えない部分は効率化する手法**や、**あえて簡素化したサービスを提供するマイナスの差別化**という手法です。

ニッチ戦略は質と量の面があります。**質とは、ほかの企業の資源ではカバーできない分野にしぼって事業を行う**こと。量とは、小さな企業に比べて固定費が高額になる大企業にとって、**採算の合わない小さい市場や、コストのかかる市場をねらう**手法です。

効果的に差別化とニッチ戦略を取り入れる方法

ビジネスにおいて、度々耳にする「差別化する」「ニッチをねらう」という言葉。混同されがちですが、異なる戦略です。**差別化とは他社と競争するため、ニッチとは他社と競争しないため**のもの。業界1位の企業に対し、チャレンジャーの企業が仕掛けるのが差別化、ニッチは業界上位とは関係なく、限られた市場で利益を目指す戦略です。

本書に登場する関連ビジネス

スーパーホテル（P36）、日本ゴア（P62）、大同生命保険（P74）、崎陽軒（P84）、ヤマサちくわ（P85）、QB ハウス（P106）など

有効な差別化の一例

顧客に見える部分はコストのかかる差別化をし、見えない部分は効率的な手法を取る。また、大手企業にとっては人材や設備、ノウハウが無駄になるため、マネしにくいマイナスの差別化も有効。

見える差別化、見えない効率化

例 **スーパーホテル**
「睡眠の質」にこだわった差別化を行い、ホテル運営の部分は徹底的に効率化。

マイナスの差別化

例 **QB ハウス**
カットのみに特化したサービスを展開。低価格ながら高い回転率で利益を出す。

「質」と「量」のニッチ戦略

大手企業などと競争を起こさないための戦略。質と量のどちらか、もしくは両方を組み合わせた方法によって独自のビジネスを展開する。

ほかの企業のノウハウや
人材ではできない分野にしぼる

例 **大同生命保険**

小さすぎる or
コストのかかる市場をねらう

例 **崎陽軒、ヤマサちくわ、日本ゴア**

せっかくのビジネスを他社に奪われない！
参入させない・マネできない戦略

大手企業や競合からビジネスモデルを守る！

健全な競争を促すため、基本的にビジネスモデルに特許を得ることは難しく、優れたビジネスモデルはマネされてしまう可能性があります。大きな資産やネットワークをもつ企業がマネできない、また、そもそも市場に参入させない戦略を考えてみましょう。

参入させないためには、4つの代表的な戦略があります。固定費が高い大手企業は、小さい市場でのビジネスや利益率の低いサービスでは採算が取れません。**市場を大きくしないこと**や、**利益率を上げすぎない**戦略は重要でしょう。また、**商品価格を上げない**、**市場を急速に立ち上げない**ことも有効です。

マネできない戦略を考えると、**企業資産を無効化する方法**と、**市場資産を無効化する方法**を横軸、**競争優位の源泉を攻める方法**と、**ビジネスに新しい要素を加える方法**を縦軸とする表がつくれます。この表から4つの領域ごとにマネをさせない戦略が見えてきます。

本書に登場する関連ビジネス

サウスウエスト航空（P46）、ワークマン（P60）、ソニー損保（P76）、赤城乳業（P80）、カーブス（P98）、リブセンス（P134）、ライフネット生命（P142）、青山フラワーマーケット（P146）　など

参入させない戦略

大企業は人材や設備の規模が大きく、維持にも高額な固定費がかかります。そのため、「市場を大きくしない」「利益率を上げすぎない」「単価を上げない」「市場を急速に立ち上げない」のがポイントです。

商品価格を安易に上げない

例 **赤城乳業**
長年 60 円を維持し、値上げしても 70 円の価格帯はほかの企業では実現が難しい。

市場を急速に立ち上げない

例 **サウスウエスト航空**
「抑制された成長」を目指し、少しずつ路線を拡大したことが現在の成長につながった。

マネできない戦略

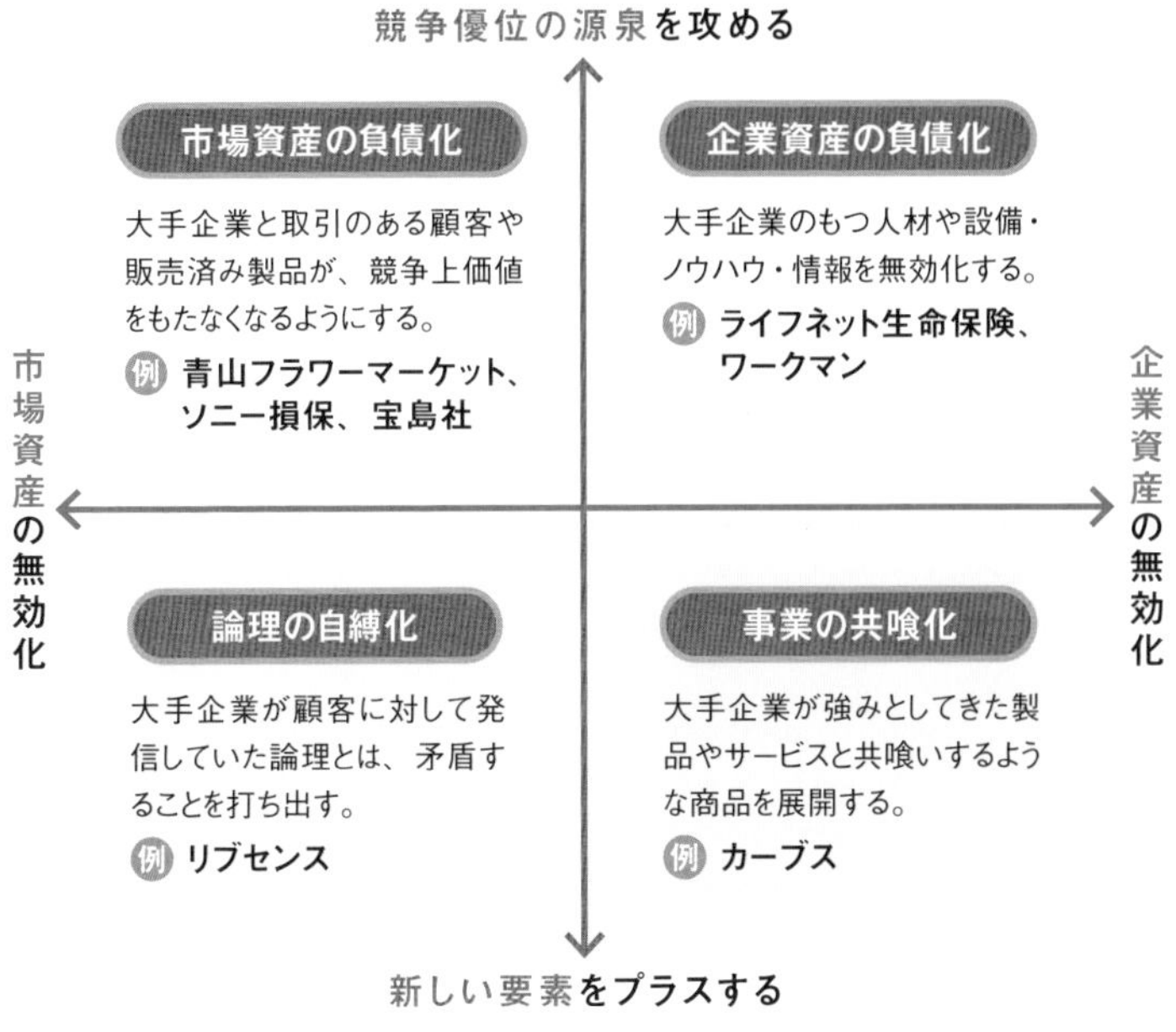

競争優位の源泉を攻める（上）
新しい要素をプラスする（下）
市場資産の無効化（左）
企業資産の無効化（右）

市場資産の負債化
大手企業と取引のある顧客や販売済み製品が、競争上価値をもたなくなるようにする。
例 **青山フラワーマーケット、ソニー損保、宝島社**

企業資産の負債化
大手企業のもつ人材や設備・ノウハウ・情報を無効化する。
例 **ライフネット生命保険、ワークマン**

論理の自縛化
大手企業が顧客に対して発信していた論理とは、矛盾することを打ち出す。
例 **リブセンス**

事業の共喰化
大手企業が強みとしてきた製品やサービスと共喰いするような商品を展開する。
例 **カーブス**

ビジネスモデルの世界的な傾向

ものづくりからサービスへの転換

利益率の低下する製造業と安定した利益率のサービス業

近年のビジネスモデルの代表的な変化として、**つくって販売する製造業の企業が、貸してケアというサービスをメインとする企業へ転換する**ケースが目立ちます。背景には製造業の利益率が低下する一方、サービス業には持続的な収入があるという理由でしょう。

転換した企業として、世界的に知られているのがＩＢＭです。ＩＢＭではＨＤＤやＰＣなど、ハードウェアの販売をしていましたが、業績が悪化。無償で行っていたサービスを有償化し、また、ソフトウェアやサービスを提供する企業を多数買収したのです。ソフトやサービスをメインの事業にして利益率を向上させ、立て直しをはかりました。

また、世界中の工事現場で使われている電動工具メーカーのヒルティも有名です。商品の優位性が薄れてきたため、製造・販売から工具一式をリースし、メンテナンスする方式へと転換。利益率の向上を果たしたのです。

本書に登場する関連ビジネス

ブリヂストン（P68）、KOMATSU（P126）、パーク24（P130）など

世界的に有名な企業の転換

IBMは1990年代、ヒルティは2000年代に、製造・販売が中心のビジネスから、サービスをメインとする事業への転換に成功した。

IBM

IT系のハードウェアメーカーから、サービス・ソフトウェアの会社へと転身。

～1990年代
ハードウェアの開発、販売

ビジネスモデルの転換!

1990年代～
ソフトウェアやサービスを展開

利益率向上!

ヒルティ

転換により、顧客は使いたいときに、整備された工具一式を使うことができるようになった。

～2000年代
電動工具の開発、製造、販売

ビジネスモデルの転換!

2000年代～
電動工具のリースとメンテナンス

利益率向上!

国内の事例

コマツ
建設機械にKOMTRAXを搭載して位置情報の取得やモニタ・制御を可能にし、故障の前に予防するサービスを行う。

パーク24
駐車場に関する機器の販売から、駐車場の運営事業へと転換を果たした。

ブリヂストン
タイヤの販売に加え、バスやトラックの保有者がタイヤの管理をすべてまかせられるサービスを開始している。

COLUMN

2

ジレットモデルのビジネスから真逆の仕組みを生み出して大成功

代表的なビジネスモデルの1つであるジレットモデル。100年以上前に生み出された仕組みですが、さまざまな業界に広まっています。しかし、現在では**長年ジレットモデルでビジネスを続けてきた企業が真逆のモデルを生み出し、成功を収める**ケースも登場しているのです。

それがプリンターの製造販売を行うセイコーエプソン。以前は、インクジェットプリンターは、本体ではなく、インクカートリッジで利益を出すジレットモデルでした。しかし、東南アジアで、現地の改造業者が勝手に"外付けタンク"からインクを注入して販売していたため、インクが売れず、収益を上げにくくなっていたのです。そこで、セイコーエプソンでは「そうしたニーズがあるなら、自社で開発しよう」と考え、より使いやすい大容量インクタンクを搭載したプリンターを開発。1年間の保証をつけて販売したのです。**従来のプリンターの2〜3倍の値段になったものの、エプソンの信頼感もあって売り伸ばし、改造業者を駆逐することに成功**しました。現在では、ジレットモデルと逆ジレットモデルの両方の製品を世界で販売しており、顧客が選べるようにしています。

ビジネスモデルを変えるのは、勇気がいるかもしれませんが、企業が成長するきっかけになる可能性もあるのです。

Section 2

業界ごとに見てみよう!

王道のビジネスモデルと、特徴的なビジネスモデル

特徴的

Section2 では、業界ごとに大手企業の主なビジネスモデルと、特徴的な戦略で成長する企業のビジネスモデルを紹介します。ビジネスモデルは、人間でいう“性格”のようなものであり、細かく見ると企業によって異なることがわかるはずです。

旅館・ホテル業界

宿泊・料飲・宴会という3つの部門が事業のメイン

ビジネスモデルが徐々に変化しつつある

種類や規模にもよりますが、ホテルや旅館は、基本的に**「宿泊部門」「料飲部門」「宴会部門」の3つの部門で収益**を上げています。

「宿泊部門」は客室の提供を行い、「料飲部門」はホテル内にあるレストランやバーの担当、「宴会部門」

自社サイト

予約・申込

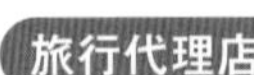

旅行代理店

旅行予約サイト

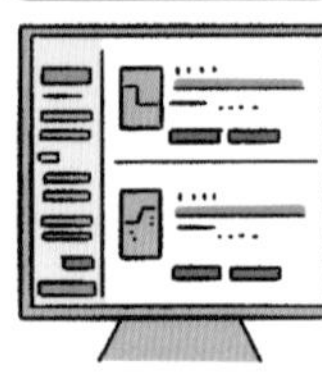

宴会部門

- 宴会予約
- 宴会サービス
- クローク

例

所有直営方式
すべてを1つの企業内で対応する方法。

所有 経営 運営

リース方式
土地や建物を借りて、経営と運営のみを行う。

ホテル・旅館

宿泊部門

- フロント
- コンシェルジュ
- ドアアテンダント
- ハウスキーピング

料飲部門

- ウェイター／ウェイトレス
- ルームサービス
- バーテンダー

特別な時間を体験できた！

ここのホテルにまた来たいね

宿泊客

ホテル事業の形態

海外では一般的であった所有と経営、運営を分離したビジネスモデルが、日本でも一般的に。代表的なホテルが星野リゾート（P32）。

所有	運営	経営
土地や建物などを所有	宴会や宿泊、料飲というホテルの業務	事業全体の損益を管理する

は結婚式などのイベントが担当です。

日本では古くから「所有」「経営」「運営」を分離せず、ひとつの企業で取り組むのが一般的でしたが、現在では、それぞれを分けたり、「所有」はせずに「経営」「運営」だけ行うといったような形態も広がっています。

所有直営方式や**リース方式**のほか、所有者がホテルチェーン本部に加盟し、本部のブランドやノウハウを利用しながら経営・運営をする**フランチャイズ方式**などもあります。

特徴的なビジネスモデル

昨日まで競合だった相手が、今日からお客さまに!? 星野リゾートのビジネスモデル

Information

1914年開業で、本社は長野県北佐久郡軽井沢町。「リゾート運営の達人になる」ことを企業のミッションとしている。

① 所有と、経営+運営を分離

総支配人が派遣されホテルを立て直す

高級リゾートホテルとして知られる**星野リゾートは、国内で「所有」「経営」「運営」を分けたビジネスモデルの草分け**です。

古くは星野リゾートも所有直営方式で旅館業を営ん

星野リゾート

旅館業と旅館・ホテル再生業を行っているが、現在では再生業が中心。再生は「財務上の修正」や「コンセプトの設定」「戦略・仕組みの策定」「実行プロセス」を経て行われる。

代表的なホテル・旅館

星のや、界、リゾナーレ、OMO/BEB など

星野リゾート・アセットマネジメント

星野リゾート・リート投資法人の資産運用会社。星野リゾートグループ運営能力を活用し、運用資産の安定的な運営を目指す。

特別な時間を提供

でいましたが、現在所有しているのは3施設のみ。それ以外は所有はせず、ホテルや旅館の再生事業や運営受託事業として、経営や運営を行っています。

具体的には、星野リゾートから旅館・ホテル業に精通した総支配人が派遣され、スタッフとともに、「財務上の修正」や「コンセプトの設定」などを行っていきます。このビジネスモデルでは、**競合だった旅館・ホテルオーナーなども顧客にできる**ことが大きなメリットの1つでしょう。

旅館・ホテルの達人である総支配人を派遣し事業を再生

経営
運営

問題を抱えたホテル①

このままだと潰れちゃう!

経営
運営

問題を抱えたホテル②

宿泊

経営
運営

POINT!

- **これまでライバルだった旅館やホテルも顧客にできる!**

② お客さまの目に触れない部分の効率化

評価に関わる料理人や女将の負担を軽減

星野リゾートの再生事業には、「星野リゾートブランドでPRできる」「同じ予約システムを使える」といったメリットがありますが、同時に、顧客の目には見えないさまざまな工夫があります。

実は、ホテルや旅館において困難なのが、料理人や

料飲部門

料理人はメインディッシュやデザートに集中

ホテルや旅館では、料理の印象を決めるのはメインディッシュとデザートの割合が多いと考えており、現場の料理人は、これらの品に地元の特産品などを使って高品質な料理をつくる。

POINT!

- セントラルキッチンで負担を減らし、一部の調理に集中して質も向上
- 女将の仕事をマルチタスク化

女将の確保。そのため同社では、料理人の負担を軽減するため、一部でセントラルキッチン方式を採用しています。ただし、すべての料理を提供していないのがポイントです。**一部を現地で調理し、限られた料理に注力して質を上げ、同時に負担を減らしています。**

また、運営の重要な要である女将は、どうしても年中無休になってしまいがちです。そこで業務をマルチタスク化し、**女将に依存しない仕組みづくりをしているのです。**

星野リゾート

宿泊部門

属人的な運営をマルチタスクで防ぐ

運営の中心となる女将に負担がかかるため、マルチタスク化を進めている。

従来 ▶ 女将がすべての運営の中心

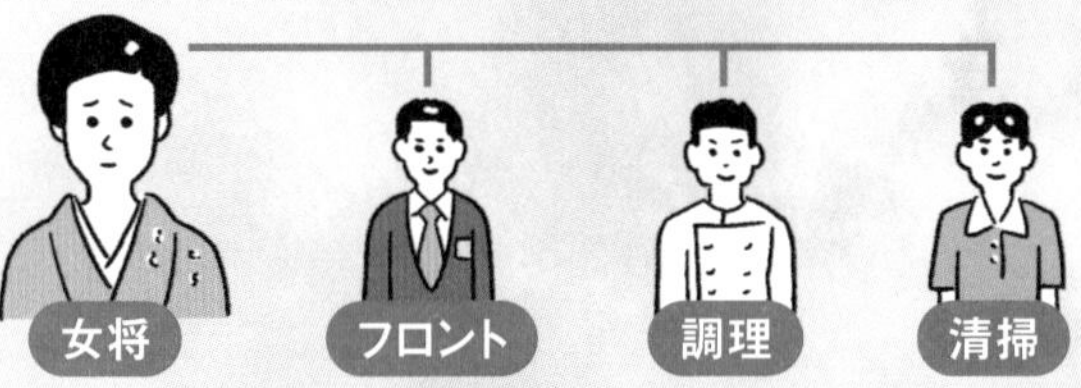

星のや ▶ マルチタスク化で誰にでも対応できる仕組みに

特徴的な
ビジネスモデル

顧客満足につながる差別化と、コスト削減を追求
スーパーホテルのビジネスモデル

徹底的にこだわったのは〝眠り〟

差別化と効率化の両方を実現する

差別化や高級化を追求するとコストが増えて利益が出ず、反対に過度に効率を求めても薄利になり、利益が出ません。２つの両立には「**見える部分は差別化、見えない部分は効率化**」と

ビジネスホテル

スーパーホテル

同規模のビジネスホテルと比較しても安価な、最低価格一泊約 5,000 円を実現し、「安全、清潔、ぐっすり眠れる」が目標。「ノーキー・ノーチェックアウトシステム」でビジネスモデル特許を取得。

見える部分の差別化

宿泊するビジネスパーソンの“睡眠の質”にこだわる

宿泊客は、滞在する時間のほとんどを寝て過ごすため、睡眠の質にこだわった。当初は枕に関するクレームが多かったが、いくつかの種類を用意し、選んでもらうようにしたらクレームは激減したという。

眠りの追求

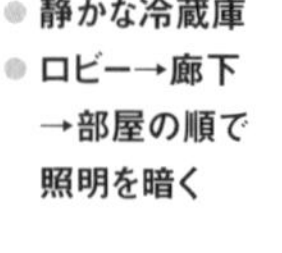

- ワイドサイズのベッド
- 低反発マットレス
- 自分で選ぶ枕
- ドア枠のゴムパッキン
- 静かな冷蔵庫
- ロビー→廊下→部屋の順で照明を暗く

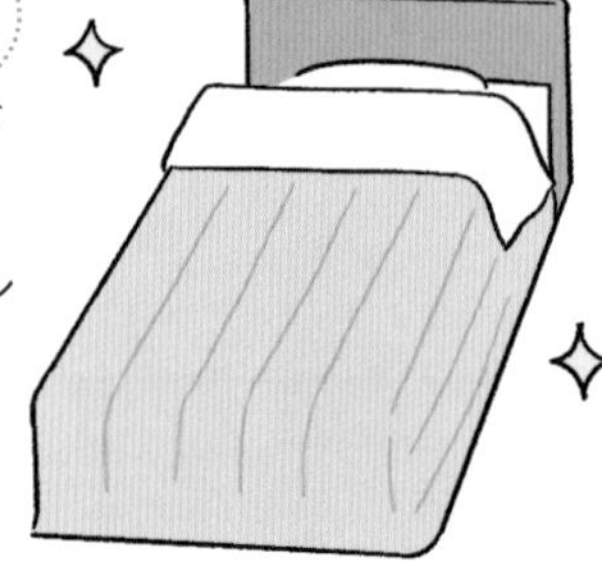

Information

1996 年スーパーホテル１号店を福岡で開業。2010 年のサービス産業生産性協議会の調査では、顧客満足でトップを獲得。

いう戦略が有効です。

それを実現しているのがスーパーホテルです。ターゲットは出張の多いビジネスパーソンで、**満足に直結する「睡眠」にこだわり**、「大きめのベッドの設置」「図書館並の静けさの実現」などにより、安眠という差別化を追求しています。一方の効率化は、「暗証番号の鍵」「飲料を用意しない」などにより、精算不要の「ノーキー・ノーチェックアウトシステム」を構築。**最小限の人数で運営でき、人件費をおさえています**。

見えない部分の効率化

効率化により、人件費を大きく削減

自動チェックイン機でお金を払うと、部屋の暗証番号がプリントされた領収書が出てくる仕組みをつくった。また、精算をしなくて済むように、部屋には電話がなく、冷蔵庫には飲み物もない。

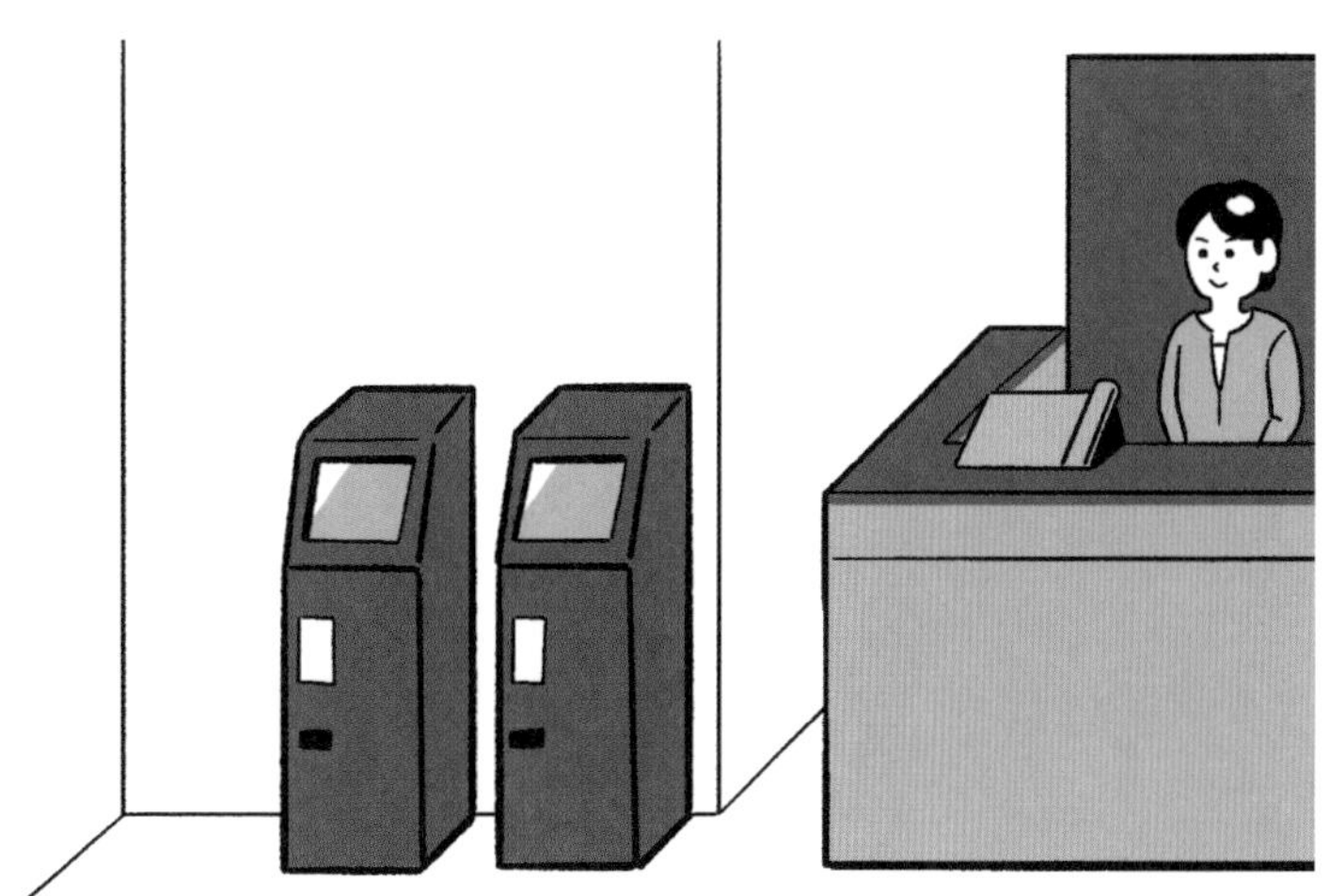

POINT!

- 見える部分は、「睡眠の質」に徹底的にこだわる
- 見えない部分の効率化により、低価格を実現

出版業界

愛読者を一番大切にしながら、「本を制作して販売」する

特徴は卸の役割を果たす取次会社

出版社は、「作家などと協力し、書籍や雑誌を制作して販売する」というビジネスモデルです。雑誌は、**販売した出版物の収益**に加え、**企業の純広告や記事風に制作した記事広告の収益**もあります。また、最近では作品の映画化やイベント

出版社

企画

読者のニーズを考えながら、読者にとって役に立つ本を考える。

編集

作家やライター、カメラマンなどと協力しながら1冊の本を制作。

発行

編集した書籍を印刷会社で印刷して発行。取次へと渡す。

作家

カメラマン

イラストレーター

デザイナー

印刷会社

出版社から発注を受け、雑誌や書籍、写真集など出版物の印刷を行う。流通を担当することもある。

取次会社

出版社と書店をつなぐ卸の役割。「日本出版販売」と「トーハン」で70%以上のシェア。

書店

どんな本を仕入れても返品でき、損をすることがないので、「売れるもの」だけでなく、さまざまな書籍を並べることができる。

電子取次会社

紙と同様に電子書店への仕入れや代金の管理を行う。物理的な流通機能はない。

電子書店

いつでもどこでも手軽に読める電子書籍は市場規模が年々増加しており、電子書店も増加。

《 代表的な電子書店 》

ebookjapan、BookLive!、まんが王国、ひかりTVブック

開催、関連グッズ発売など、**メディアミックスの展開も増加**しています。基本的には、読書習慣のある人や、定期・シリーズ本の購読者がメインのターゲットです。

出版業界の特徴は、出版社と書店の間に「取次会社」が存在すること。出版物は、書店が仕入れた書籍を出版社へ返品できる「委託販売制度」があり、煩雑になる流通や代金の管理を、取次会社が行っているのです。出版社にとっても、全国の書店へ効率的に流通できるメリットがあります。

特徴的なビジネスモデル

宝島社のビジネスモデル

メインターゲットは、「読んでいない人」

従来の出版社とはターゲットが異なる

『GLOW（グロー）』や『リンネル』など、国内トップクラスの販売部数をほこる女性誌を出版する宝島社。現在では一般的になった〝女性誌の豪華な付録〟という手法を数年前から先駆けて行い、大きな話題になりましたが、これはより大きな

出版社

宝島社

『別冊宝島』でムック市場を開拓し、『Sweet』『GLOW』などで女性誌販売部数のナンバーワンを獲得。雑誌に有名ブランドとコラボレーションしたバックなどをつけて話題になった。

企画 → 編集 → 発行

代表的な女性誌

- Sweet
- GLOW
- リンネル
- InRed
- mini
- オトナミューズ
- 大人のおしゃれ手帖

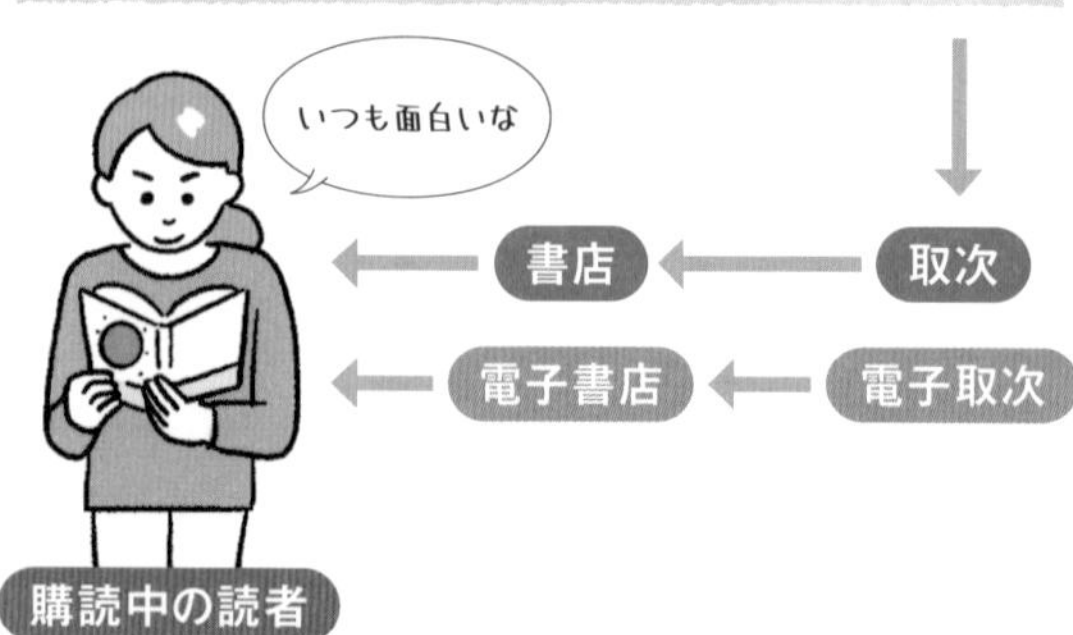

Information

1971年設立の出版社。もともとは別の業種だったが、晶文社から月刊誌『宝島』の版権を買い取って出版業界に参入。

戦略の一環です。

従来、雑誌の常識では、ターゲットは〝愛読者〟。しかし、**宝島社では、シェアを伸ばすため、「新しい読者」をターゲット**にしたのです。豪華な付録も、新読者の獲得が目的の1つであり、人気があれば、類似品が複数回登場することもあります。また、営業が書店を回り、書棚の形状などから、初見でも特集テーマが伝わるデザインを研究。**こうした常識を覆した戦略により、販売部数を伸ばしていった**のです。

① ブランドとコラボするなどで、本格的につくられた付録を添付

「もっとも売れている雑誌に広告が集まる」という考えから、話題を集め、読んだことのない人が欲しくなる付録をつけた。

② 宝島社の社員自ら本棚を観察し、表紙を工夫

以前は、出版社の営業が書店を訪れることは少なかったが、宝島社の営業は書店の目線で売れる雑誌を研究した。

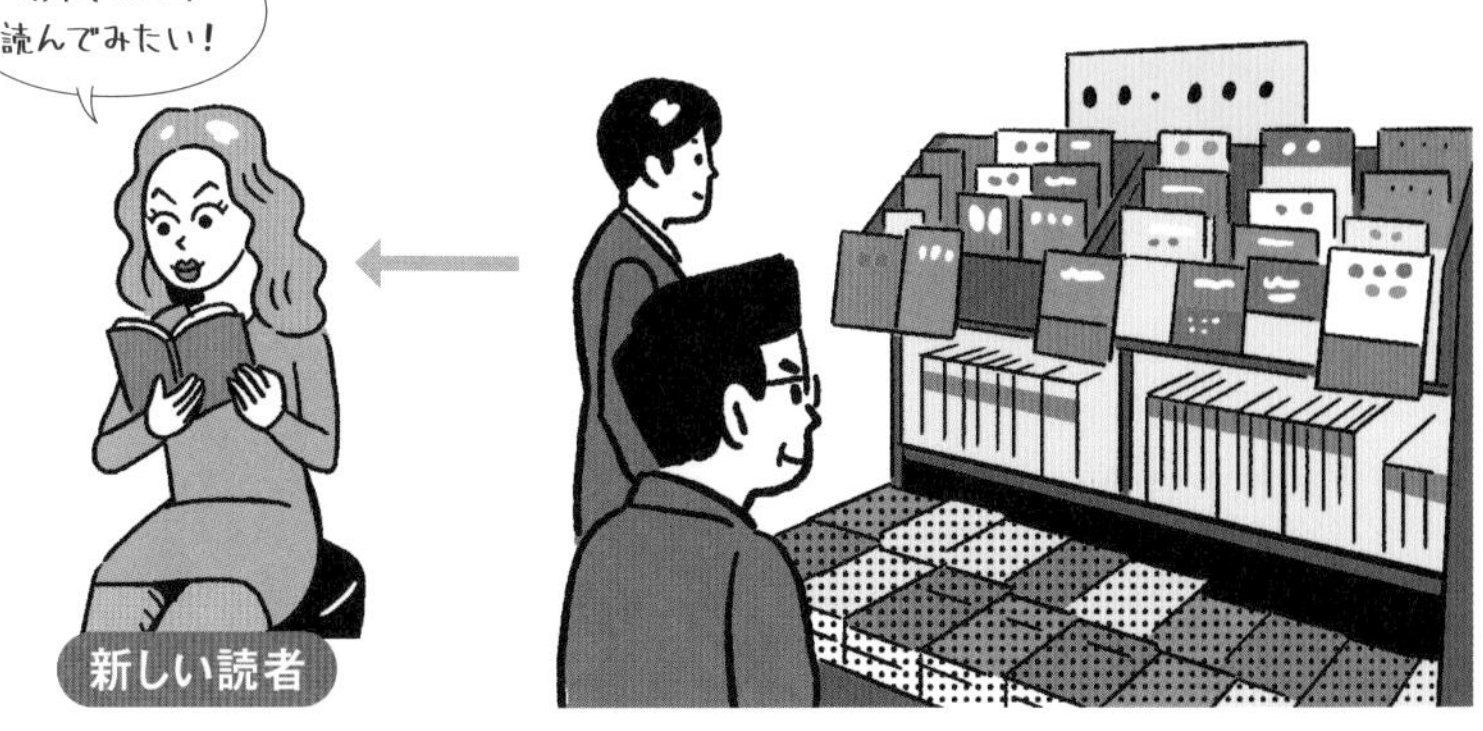

特徴的な

ビジネスモデル

情報を紙で届ける出版社↓情報のプラットフォーム

鎌倉新書のビジネスモデル

葬儀の情報発信を紙から多様な媒体へ

出版社として出発した鎌倉新書ですが、ビジネスモデルを転換してネットビジネスに進出。現在、事業のメインは、マッチングプラットフォームのポータルサイト運営で、プライム上場を果たしています。同社は、**情報を発信する媒体を**

1984年～

仏教系・供養系書籍の出版

出版社として創業し、一時は倒産の危機にあった。しかし、葬儀に大きなマーケットを見出してビジネスモデルを転換した。

2000年～

供養系 web サイトの運営

価値があるのは情報であり、出版はあくまで手段とし、取材活動などで得た情報を加工する会社と自社を定義。Web サービスに進出。

Information

1984年に設立され、出版社として寺院や仏壇仏具店向けの書籍を出版していた。その後、葬儀に関する情報を提供する企業へと転換した。

紙からインターネットを中心にし、セミナーなど幅広い手段へと変化させたのです。

同社のウェブサービスは、「葬儀・お葬式」「お墓・霊園・墓石」「仏壇・仏具」「相続・保険・不動産」「介護・終活」の5つにわかれており、「いい葬儀」「いいお墓」など32のサイトを運営しています。こうしたサイトを活用して**霊園や葬儀社、仏具などを探している人に向けて、優れたメーカーや企業を紹介し、手数料を得る**のが同社のビジネスモデルです。

2019年～

終活インフラの構築

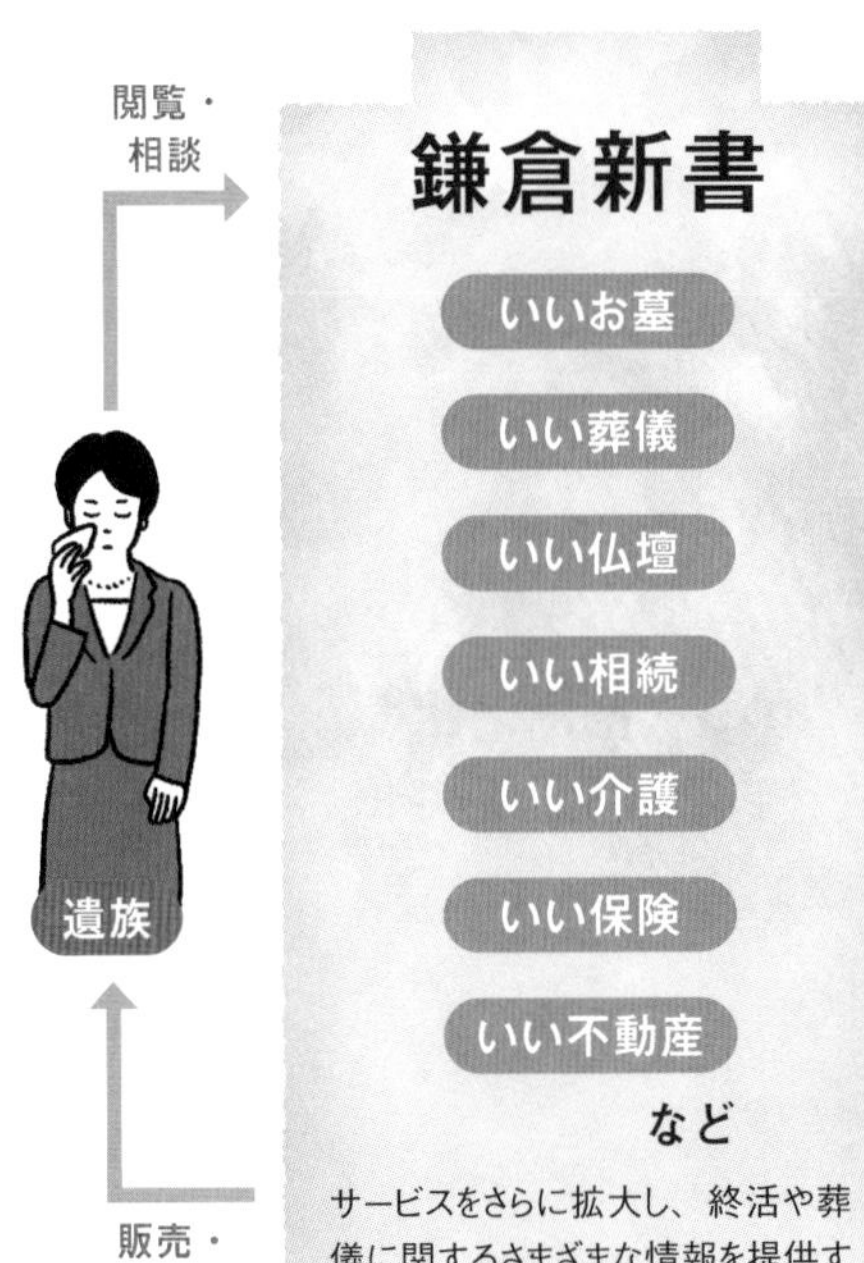

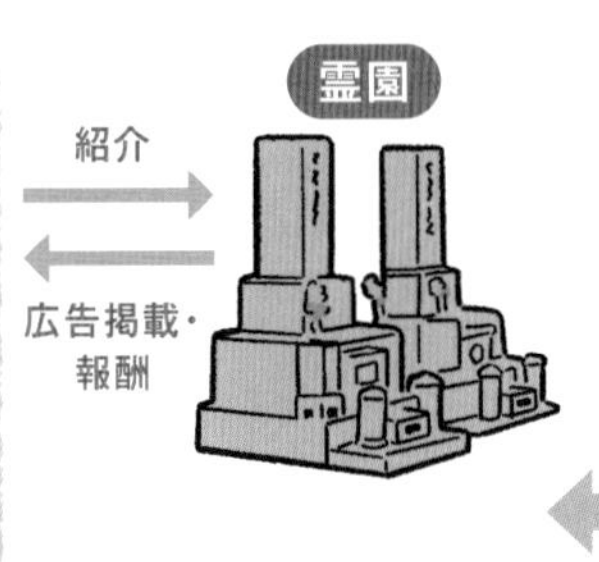

航空業界

航空機の製造と運用、空港ではそれぞれ異なるビジネスモデルが！

国や自治体も関わる巨大なビジネス

航空業界は、大きく分けて、**航空機の製造をして航空会社へ売却・リースを行う航空機メーカー**。**パイロットなどが所属し、航空機での輸送を行う航空会社**。**空港を所有し、航空機の離着陸に関わる業務を行う空港会社**の3つがあります。そ

申込・購入

自社サイト

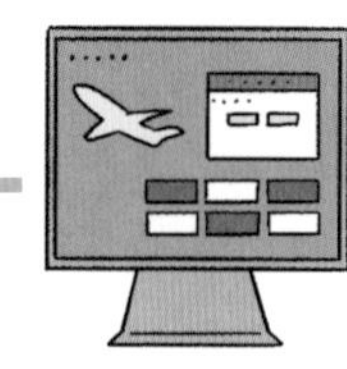

旅行代理店

予約サイト

LCC

「Low Cost Carrier」の略。ANAやJALに比べ、低価格で簡素化したサービスが特徴。

貨物航空会社

貨物機を使った貨物輸送を専門とする航空会社で、国際貨物、国内貨物にわけられる。

リース・購入　支払

航空機メーカー

飛行機やヘリコプターなどの航空機の製造、開発をするメーカー。アメリカのボーイングや欧州のエアバスなどが有名。

- ボーイング
- エアバス
- ロッキード・マーティン

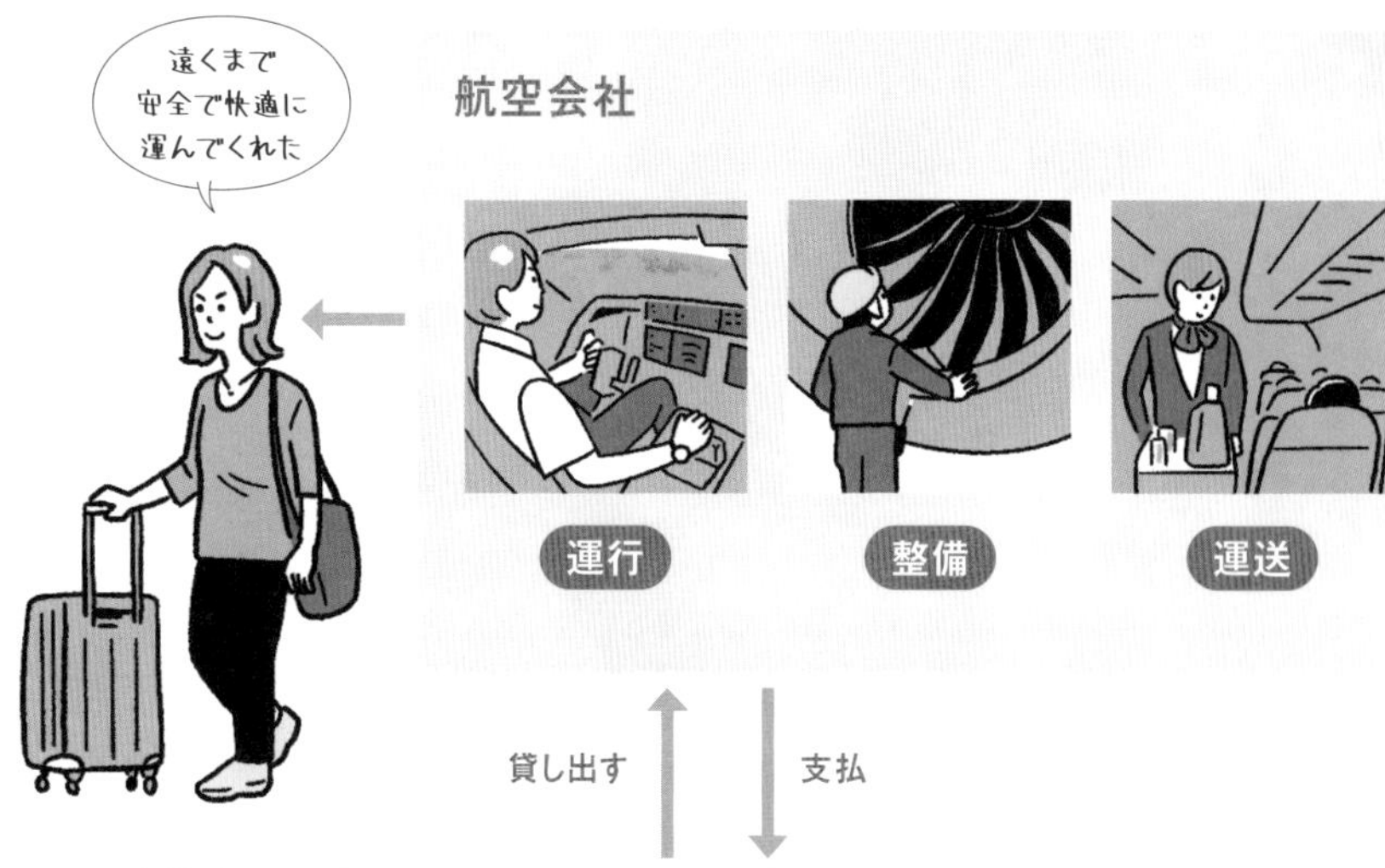

空港会社

空港に関わる設備の建設整備や、航空機の離着陸に関わる事業を行う。

《 航空系収入 》

航空機の着陸料や、給油施設使用料など航空機の輸送に関わる収入。

- **着陸料** ● **停留料**
- **旅客サービス施設使用料**

など

《 非航空系収入 》

空港内のショップのテナント料など、航空機の輸送には直接関わらない収入。

- **リテール事業の収益**
- **施設貸付事業（駐車場使用料など）**
- **鉄道事業（鉄道施設使用料など）**

など

れ以外にも、航空機を所有してリースを専門に行う会社や、貨物輸送を専門に行う会社もあります。

　また、国や地方自治体が管理する空港があったり、民間の従業員に加え、航空管制官や入国審査官などの国家公務員が関わるのも特徴でしょう。

　航空機の運用は外国とも関わるため、国内では、ほぼ大手2社しかありませんでしたが、2012年頃から、**従来よりも安い価格で輸送サービスを提供するLCCが登場**しています。

特徴的なビジネスモデル

LCCのビジネスモデルを生み出した元祖

サウスウエスト航空のビジネスモデル

① それまではなかった独特な航空機の運用

LCC実現の裏にはさまざまな工夫あり

サウスウエスト航空がはじめたLCCといえば低価格が特徴で、「空路」「航空機」「運営のオペレーション」に秘密があります。

まず、大手航空会社の空路は、ハブ・アンド・スポー

航空会社

サウスウエスト航空

価格の安いLCCの元祖だが、世界でもっとも安全な航空会社10社の1つに認定されている。ユニークな経営手法が特徴で、「お客様第二、従業員第一」という珍しいポリシーをもつ。

小さい空港同士を直接つなぐ

Point to Point システム

距離の遠くない小さな空港同士を結ぶ方式。小さな空港周辺の人が、効率的に移動できる。

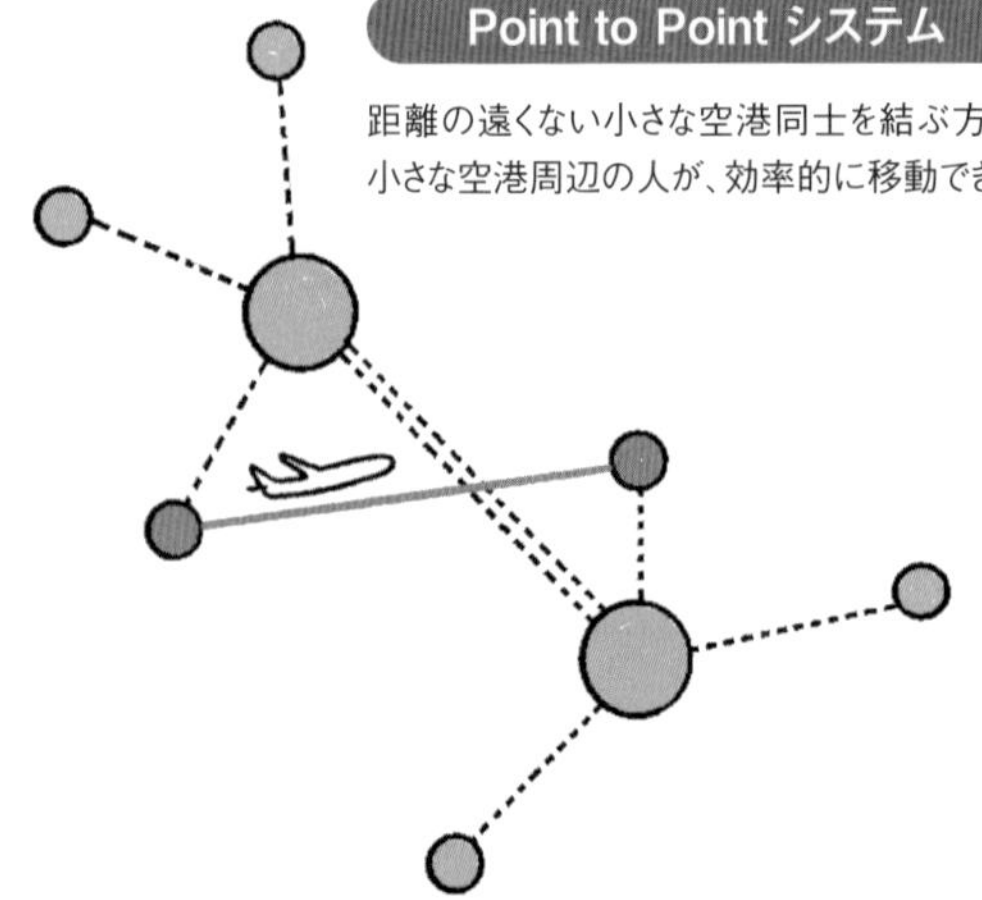

Information

1967年アメリカで創業。当初はダラス～ヒューストン～サンアントニオ間に就航した。40年間黒字経営を続けている。

ク方式が一般的です。サウスウエスト航空は、**距離の近い小空港を直接結ぶ空路を実現し、コストをおさえ、顧客の効率的な移動**を可能にしたのです。また、**航空機は、機種をB737に統一**。これにより機種ごとに必要なパイロットの免許が1つで済むためコストが下がり、機体整備の効率も上がります。

「空路」や「航空機」の工夫は、パイロットや整備士のミスを減らすため、低価格化と同時に、安全性向上にも寄与しているのです。

メリットの多い機体の統一

単一機種運行　B737

限られた空路に対応できるB737に統一。

一般的な航空会社

複数種の航空機を運用

空路や顧客の条件によって複数の航空機を運用する必要がある。

ハブ・アンド・スポーク方式

小さな空港から大きな空港に飛ぶ空路と、大きな空港同士を結ぶ方式。

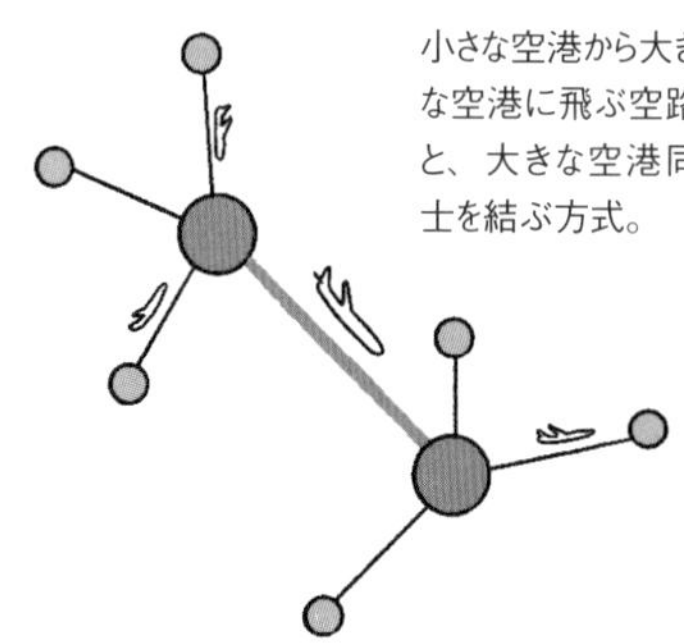

サウスウエスト航空のビジネスモデル

② 搭乗システムやサービスの簡素化で効率を追求

高回転率で航空機を運用、低価格を実現

LCCには、「運営のオペレーション」にも工夫があります。

実は、**サウスウエスト航空には座席指定がなく、基本的にすべて自由席**。現在では、インターネットで予約や座席の管理は簡単に行えますが、同社が運行開始した1971年当時は、大

開業当初から、紙の発券も座席予約もないオペレーションだった。ちなみに販売でも、旅行代理店を挟まない直販をしている。

POINT!

- 可能な限り効率化してコスト削減
- 着陸から離陸まで15分ともいわれた高い回転率

きな効率化になりました。また、この手法は、「良い席を確保するために搭乗客が早く集まる」ことになり、定時運行の向上にも役立ったそうです。

また、ＬＣＣの特徴である簡素化されたサービスで、さらにコストを削減。Ｐ47でも述べたように同一機種であるため、訓練コストも安くなり、安全性向上にもつながっています。こうした工夫で、**航空機を圧倒的に高い回転率で運用し、利益を上げている**のです。

Ⅱ 過剰な対応はないノンフリルサービス

「航空機の運行」というコアサービスに特化しているため、機内食などのサービスはない。

Ⅲ スタッフはさまざまな作業に対応

ボーイング737の一機種であるため、職員同士でほかの作業を手伝うことも簡単にできる。

特徴的なビジネスモデル

成田空港のビジネスモデル

国内のモールと比べても最大規模の売上!

国内ショッピングモールのなかで最大級の売上

空港の収入は、航空機の輸送に関わる航空系収入と、テナント収入などの非航空系収入があります。国際線の成田空港(成田国際空港)なら、「航空系がメインで、非航空がサブ」のような気がしますが、実は逆、非航空系が多いのです。

航空系収入

企業努力のみでは増やしにくい

法律によって決められている部分が少なくないため、自社の努力のみでは収入を増やすことが難しい。

POINT!

- 多くの搭乗者がもて余していた、出国手続き後の時間と場所を有効に活用!

Information

1978年に開港した国際空港で、毎日約10万人が利用する日本の玄関口。アジアにおけるハブ空港を目指している。

現在、航空系は、航空機の小型化が進み、航空機の重量が影響する着陸料が上がらず、増やしにくい状況です。そこで、**成田空港が目をつけたのが非航空系。**国際線では出発2時間前に手続きをするため、搭乗客は手続き後の時間が余っていました。手続き後のフロアにショップや飲食店を充実させ、余った2時間を楽しめるように、非航空系を増やしたのです。現在では**成田空港は、国内ショッピングモールのなかで最大級の売上**をほこります。

非航空系収入

成田空港を支えているモールのようなビジネス

出国手続き後の、「フロア」と「2時間」という余った場所と時間を有効に活用できるよう、さまざまなショップを充実させた。

王道の
ビジネスモデル

Business Model

銀行業界

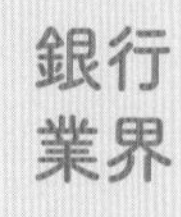

「融資の利息」と「預金の利子」の差額で利益を生むビジネス

貸出

預金業務で預かったお金を、企業の設備投資資金や個人の住宅ローンなどとして融資。

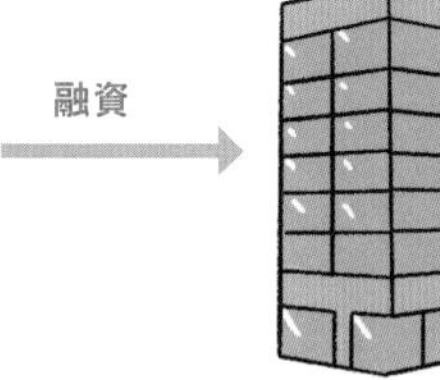

銀行の種類	
中央銀行	紙幣の発行や政府の資金の管理、「銀行の銀行」として民間銀行の資金を管理している
都市銀行	大都市に本店を置き、全国の主要都市に支店をもつ普通銀行
地方銀行	一般社団法人全国地方銀行協会の会員であり、特定の地域に支店とATMがある普通銀行
ネット銀行	実店舗をもたず、インターネットでの取引を中心に行っている普通銀行

3つの業務に取り組みながら、差額で稼ぐ

銀行には中央銀行や都市銀行、地方銀行、ネット銀行などの種類があり、それぞれ役割が異なりますが、ここでは代表的なビジネスモデルを見てみましょう。

銀行は、**お金を預かる「預金」、お金を融資する「貸付」、振込や口座振替など**

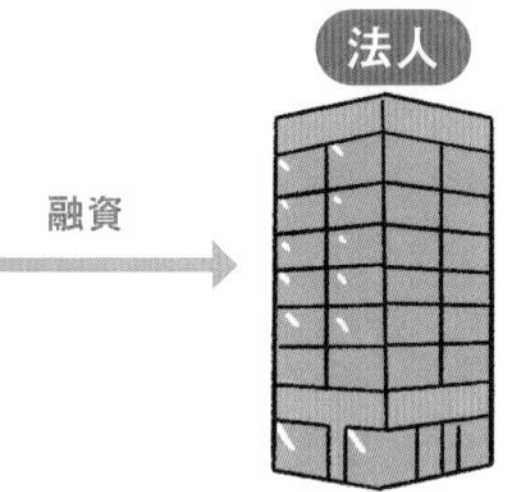

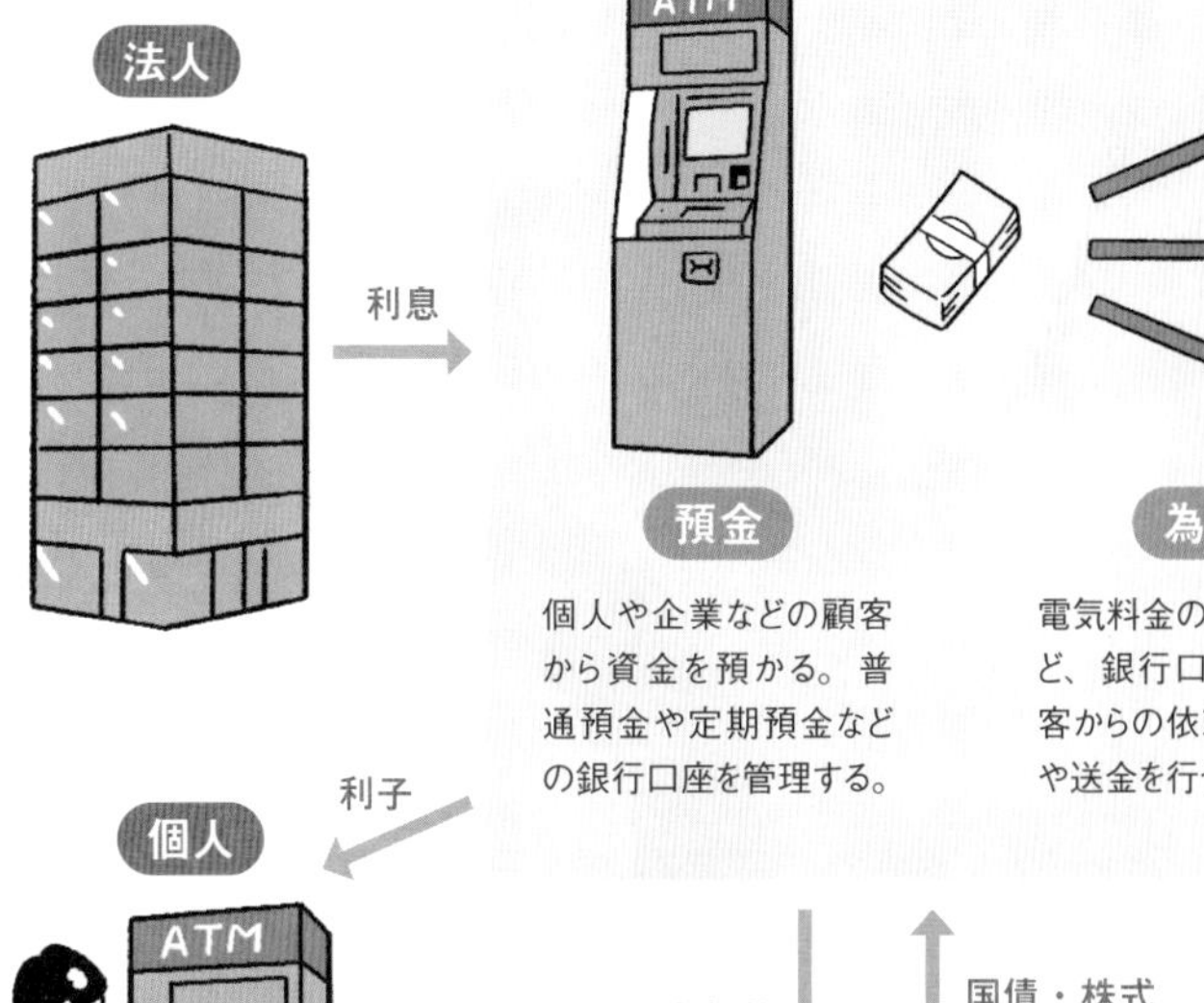

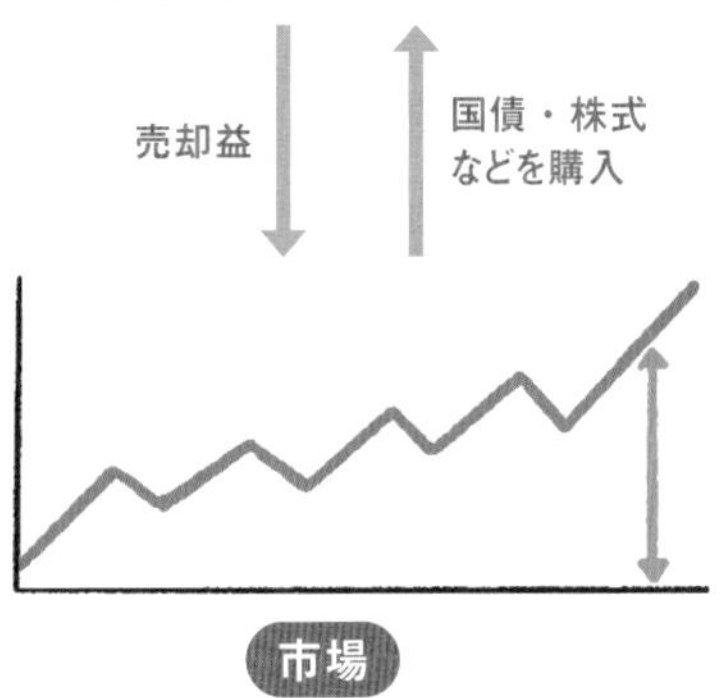

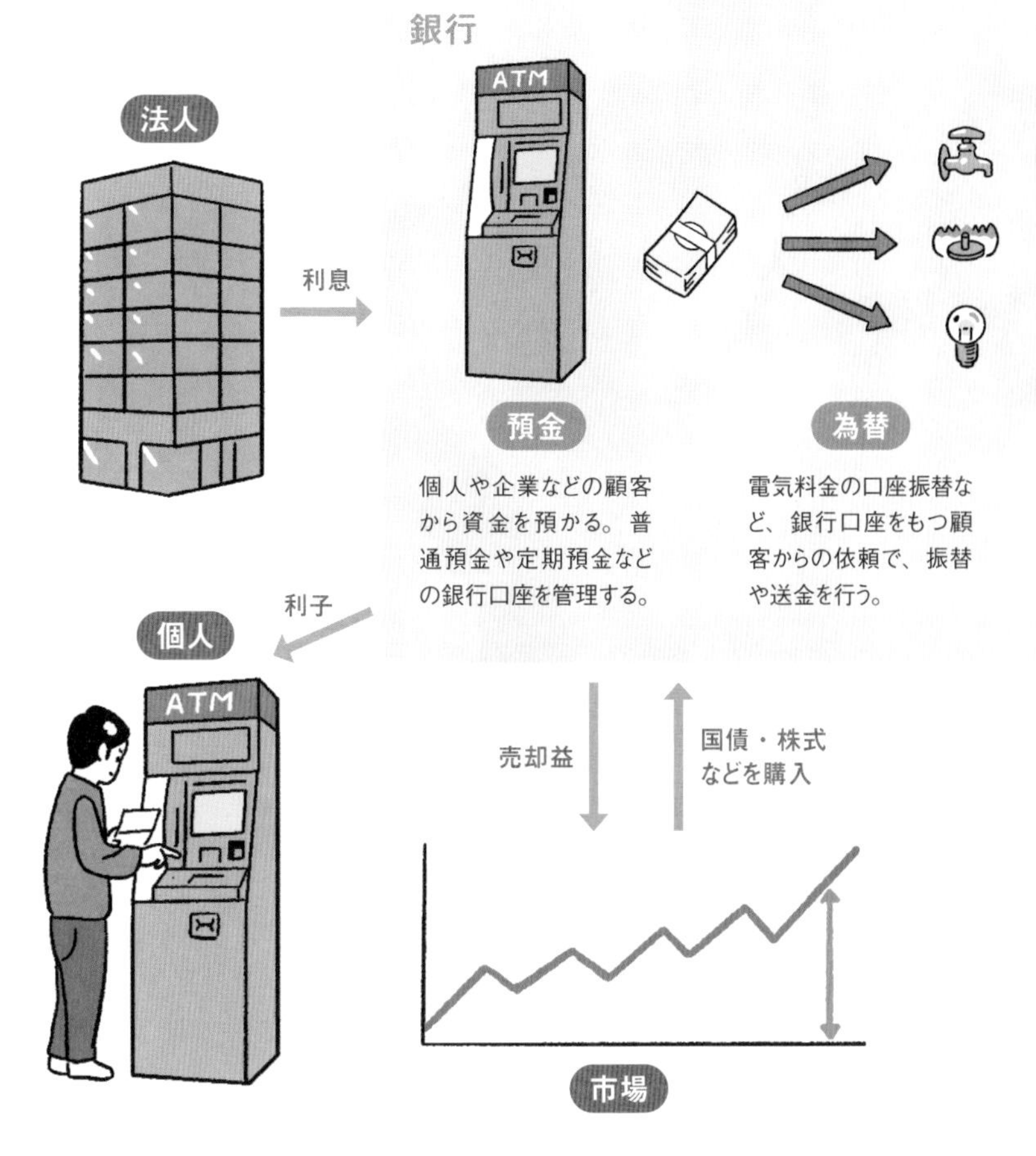

の金銭授受を行う「為替」**の3つ**が代表的な業務。基本的なビジネスモデルはシンプルで、法人や個人からお金を集め、まとまった資金が必要な法人や個人へ融資をします。銀行は、預金に対しては利子を支払い、融資に対しては利息を受け取りますが、**利子と利息の差額で利益を出す**のです。これが銀行においてメインとなる収益ですが、ほかにATM手数料や、投資家から集めた資金を使った運用益なども利益になります。

特徴的なビジネスモデル

いくつもの秘密を詰めた〝ATM〟に特化 セブン銀行のビジネスモデル

① 他行のキャッシュカードの利用が利益になる仕組み

600以上の金融機関と提携

利息と利子の差額で利益を出す一般的な銀行と比べ、ユニークなビジネスモデルなのがセブン銀行です。

セブン銀行の収益の柱は、現金を引き出すATM手数料です。他行に比べ、セブ

セブン銀行

もともとは、「コンビニで現金をおろせたら便利」ということから生まれたセブン銀行。ATMに資源を集中するという一般的な銀行とは異なるビジネスモデルで注目を集める。

手数料収入

Information

2001年、金融の規制緩和を背景にアイワイバンク銀行という名前で創業。融資を行わない決済専門の銀行としてスタートした。

ン銀行の口座所有者は多くないため、「他行の口座をもち、セブン銀行のATMを使う人」がターゲット。セブン銀行は600以上の金融機関と提携し、さまざまな金融機関の預金を引き出すことができるのです。

現在、セブン銀行のATMは、セブン-イレブンをはじめ、駅や空港などにも設置されています。コストのかかる無人ATM店舗を撤退したいと考える銀行も多く、ATMを増やしたいセブン銀行とWin-Winの関係があり、広がってきたのです。

多くの場所に設置されたセブン銀行ATM

手数料収入

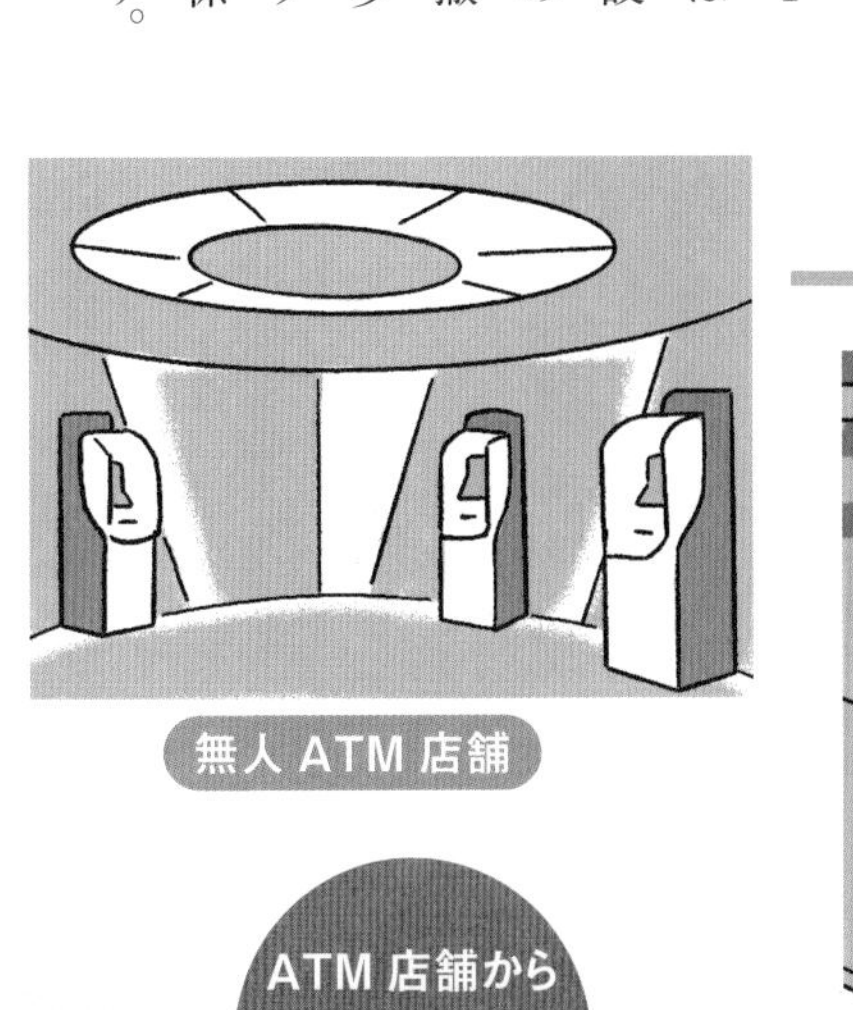

無人 ATM 店舗

駅・空港

ATM 店舗から撤退したいという銀行ともWin-Win

地方銀行

ほかの銀行

手数料収入

セブン銀行のビジネスモデル

② 製造・運用のコストを削減し、お店や外国人にも役立つ

あのATMには多くの秘密が

ビジネスモデルの要であるセブン銀行ATMには、さまざまな工夫があります。まず、通帳口や硬貨口をなくすなど、通常よりも単純な構造にしたこと。**一般的なATMよりも低コストで製造でき、損益分岐点を下げました。**

また、ATMとしては後

セブン銀行がゼロから開発! ユニバーサルデザインで万人が使いやすい

発だったため、**海外でのカードにも対応**できたのもポイントでしょう。セブン銀行は、海外送金サービスに積極的に取り組んでおり、外国人の利用にもつながっているのです。

さらに、セブン銀行には「売上金入金サービス」というタクシーや小売店などの現金売上をＡＴＭに入金できるサービスがあります。これは、**深夜営業の店舗にとっては防犯になり、同時にセブン銀行にとっても、ＡＴＭの紙幣調達にもつながっている**のです。

Ⅰ 通帳や小銭の挿入口をなくし、製造コストを削減

セブン銀行のATMは、同社とNECが共同でゼロから開発したもの。通常のATMで1台約800万円、無人店舗用は約2,000万円だが、構造を単純にして1台200万円ほどにおさえた。

POINT!

- **製造コストを下げ、外国人の利用者も取り込む**
- **売上金入金サービスで、紙幣を調達するコストも削減**

Ⅱ 後発のため、海外で発行したカードの仕様にも対応

海外のカードは、日本のものと磁気ストライプの位置が異なり、ほとんどのATMで現金が引き出せなかった。後発のセブン銀行ATMはそれに対応し、外国人の利用者も呼び込んだ。

Ⅲ 現金売上を集めるサービスは店舗の防犯と、セブン銀行の紙幣調達の両方を叶える

深夜営業の店舗やタクシーなどが使う「売上金入金サービス」は、夜間の防犯に役立つ。一方で、セブン銀行にとっても紙幣調達コストを大幅に下げる画期的な手法。

王道のビジネスモデル

Business Model

アパレル業界

かつての分業スタイルから統合した形に変化しつつある

メーカー

ブランド

小売店から受け取った販売データを分析し、商品の開発を行う。

商社

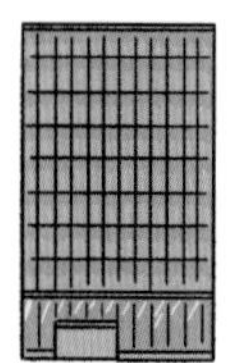

素材メーカー

マーケティング

小売店から受け取った販売データを分析し、商品の開発を行う。

企画

トレンドや販売データの分析から、生産する衣料品を決める。

SPAモデル

企画から製造販売までを統合し、無駄を省いて、トレンドに素早く対応できる。日本ではユニクロやニトリなどが代表的な企業といわれる。

すべてを自社内で行う形が拡大

古くから**アパレル業界は、衣料品に関わる専門企業が分業するスタイルが主流**でした。大まかにいうと、衣料品を企画する「ブランド」を中心に、生地などをつくる「素材メーカー」や、素材を縫製して衣料品を生産する「メーカー」、仕入れ

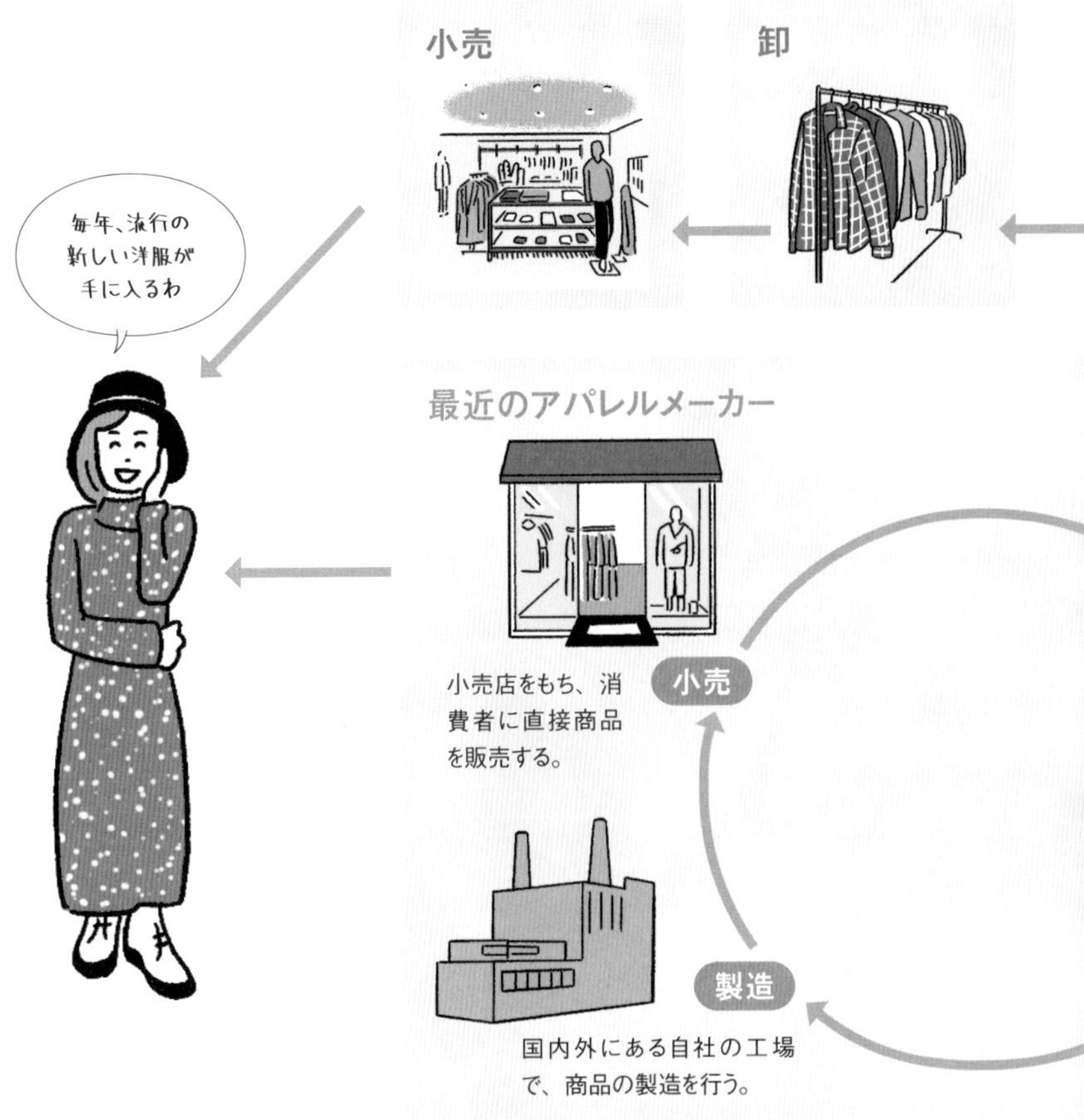

て小売業者に販売する「卸」、消費者に商品を販売する「小売」などがあります。とはいえ、小売が企画を行ったり、自社で製造をするブランドもあったりするなど、役割が流動的なことも少なくないようです。

90年代に生まれた「**SPAモデル」は企画から生産、小売まですべてを一貫して行います**。小売の販売データから、常時消費者のニーズを把握でき、商品に反映させたり、人気商品を素早く大量生産できるなどのメリットがあるのです。

特徴的なビジネスモデル

毎年移り変わる従来のアパレルと真逆のモデル
ワークマンのビジネスモデル

低価格と高機能をいつまでも守る戦略

工事現場などの作業者向けの高機能な衣料品を扱う小売チェーンだったワークマン。その機能性が一般消費者にも認知され、アウトドアウェアとして注目されるようになりました。そこで、**ワークマンは、主力事業を作業者向け衣料品から**

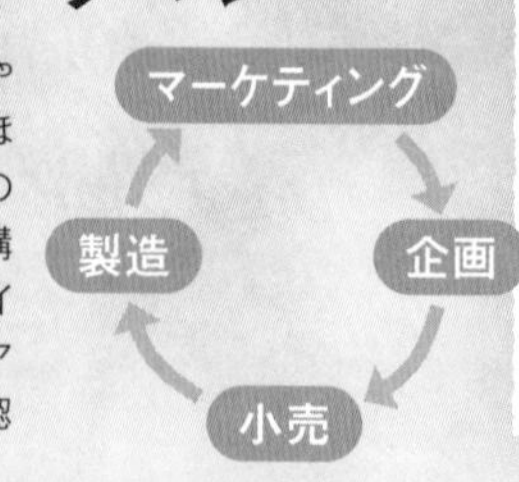

ワークマン

徹底的な顧客目線やコスト管理により、ほかの会社にはマネのしにくいモデルを構築。機能的でデザインもよく、低価格なアウトドアアパレルと認知されている。

Ⅰ 商品ラインナップのなかで、高付加価値商品をメインにはしない

アパレル業界では、付加価値のある高価格商品で利益を上げるのが常識だが、ワークマンではそれを重要視しない。

Information

1982年設立。フランチャイズシステムで職人・作業者向けの衣料品やアウトドアウェア、スポーツウェアを販売している。

“機能性ウェア”へ変換。作業者と一般消費者の両方をターゲットにした「ワークマンプラス」という店舗もつくりました。

ワークマンは、**移り変わりの激しいアパレル業界では珍しい手法で低価格を守っています**。たとえば、職人や作業者がターゲットだった時代と同様、数年間はモデルチェンジしない大量調達により、低価格を実現。さらに、値段の高い付加価値商品の訴求はせず、低価格であることをアピールしています。

Ⅱ モデルチェンジの少ない商品を大量調達し、価格をおさえ、ほぼ値引き販売はしない

一般的なアパレルメーカーは、毎年、流行に合わせて新商品を出し、売れ残りは値引き販売をする。一方、ワークマンでは数年間はモデルチェンジをしないため、価格がおさえられ、ほぼ値引き販売をしない。

一般的なアパレルメーカー

毎年の流行に合わせて新商品を発売

商品のなかで、利鞘の大きな高付加価値商品で利益を稼ぐ

特徴的な
ビジネスモデル

消費者にアピールする素材メーカー 日本ゴアのビジネスモデル

① 訴求対象を企業から消費者へ

素材をブランド化し付加価値につなげる

アメリカ発祥のゴアはePTFEを開発した素材メーカー。ePTFEは、医療など幅広い分野に広がり、衣料品にも活用されました。**社会的認知の向上という目的で、普段は目に入**

素材メーカー

日本ゴア

国内ではアウトドアウェアとして定番のゴアテックス。「透湿性」「防水性」という相反する機能をあわせもつ。

延伸ポリテトラフルオロエチレン(ePTFE)

ほかの物質に触れても安定していたり、屋外でも変形・変色・劣化しにくかったりするなど汎用性の高いポリマー素材。幅広い分野でシートなどとして活用される。

Information

1958年、アメリカで創立。1974年に日本でジャパンゴアテックスが設立し、2019年に日本ゴア合同会社に変更。

りづらい素材メーカーでありながら、消費者に直接訴求するため、衣料品に「ゴアテックス」のタグを付けはじめました。

その後、ゴアは日本へと渡ります。消費者へ訴求し、「ゴアテックス」の機能を発揮できるよう商品開発にも関わりました。商品ラインナップのなかで、上級モデルにのみ「ゴアテックス」がつけられたため、**消費者は「ゴアテックスなら高品質だ」と考えるようになり、高価格をつける差別化にもつながった**のです。

POINT!
- 消費者とは離れた素材メーカーながら消費者にアピール
- 「ゴアテックスのタグがあれば高品質」という認識を広めた

王道のビジネスモデル

Business Model

自動車業界

日本が誇る伝統的な製造業はすべてをワンストップでやりきる

全工程に取り組む大規模なものづくり

製造の**上流から下流までの工程を一貫して行うのが、製造業の代表的な手法**。具体的には製品の開発や素材の調達、工場での製造、商品の輸送、販売まで行います。これは垂直統合と呼ばれ、自動車業界の代表的なビジネスモデルです。

企画・開発

新開発する商品の仕様を決めたり、新技術の開発を行う。

調達

商社や、部品メーカーなどから製造に必要な材料を集める。

垂直統合

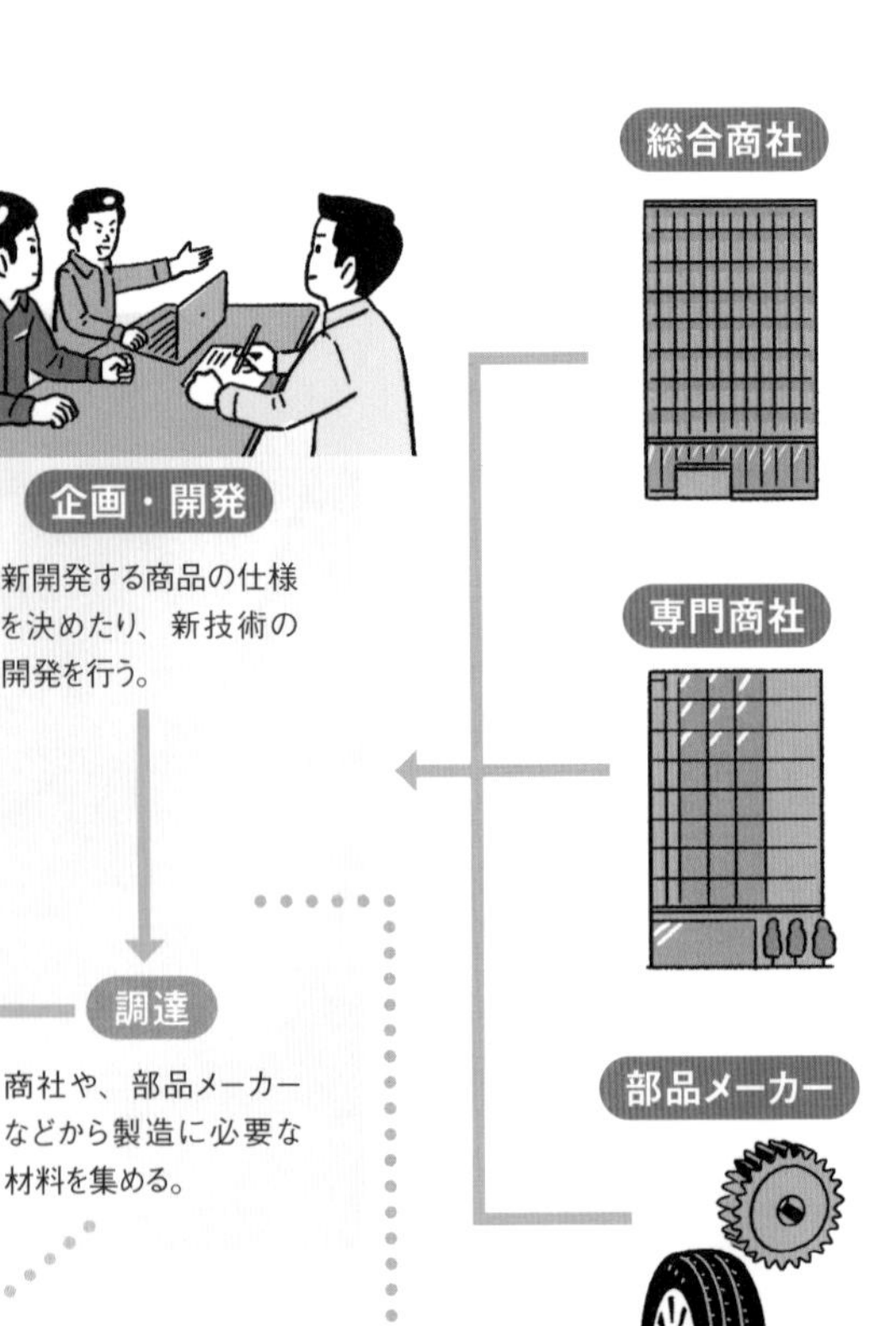

全工程を自社グループ内で完結させるモデル。自動車産業など、伝統的な製造業の代表事例として知られる。

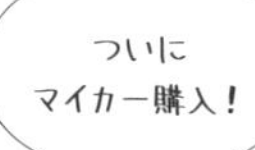

関連会社
- トヨタ輸送
- 愛知陸運
- トヨフジ海運

自動車メーカー

輸送
製造した商品を小売を行う販売店などへと運搬する。

販売
ディーラーなどで、消費者へと販売をする。

製造
調達した材料を使い、自社の工場などで製品を生産する。

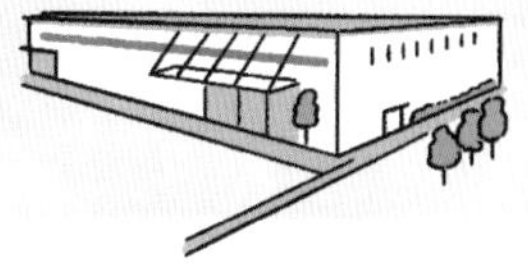

関連会社
- トヨペット店
- カローラ店
- レクサス店

関連会社
- 豊田自動織機
- 愛知製鋼
- ジェイテクト
- 日野自動車

これには、**多種多様なノウハウを蓄積でき**、かつ、**情報の機密性を維持しやすい**というメリットがあります。また、**各工程ごとに、付加価値を生み出せる**可能性もあり、収益拡大を期待できるのです。

デメリットとしては、一貫して行うビジネスモデルは構築に莫大なコストがかかることです。また、構築するのが難しい分、一度つくってしまうと、ビジネスモデルを大きく転換するのが難しくなることもデメリットの1つでしょう。

特徴的な
ビジネスモデル

採血車や競走馬輸送車をオーダーメイド 東京特殊車体のビジネスモデル

他社にできない受注を可能にする技術力

東京特殊車体は、自動車産業の黎明期、大量生産が求められた昭和期にも一貫して特注の車体を製造してきました。同社の強みは積み重ねたノウハウによる「他社にはマネできない圧倒的な技術力」。**どんな依頼も具現化させることを第**

顧客との打ち合わせ

↓

シャシーを手配

製造する車体のもととなるトラックなどのシャシーを手配する。

東京特殊車体

国内では特殊車両製造のトップメーカーの１つ。設立時から京王重機整備と深いつながりがあり、あまり知られていないが、京王電鉄グループに属する。

Information

戦前から車の改造や整備を行ってきた企業をルーツに 1967 年設立。採血車や検診車、競走馬輸送車など、さまざまな特殊な自動車を製造。

一とする文化があります。顧客や関連企業は、**相談があれば「まずは同社に話す」状態であり、ターゲットをしぼって効果的に受注活動を行える**のです。

ただし、こうした文化ゆえ、製造実績の多い採血車は一定の利益率を確保できる一方で、難易度の高い案件にも積極的に取り組むため、適切な利益を確保できないケースもあるそうです。そこで、技術者集団としての意識の統一や組織変更、設備の増強などにより、効率化を進めています。

POINT!

- **他社にはマネできない圧倒的な技術力**
- **顧客から相談が集まる状態をつくり、受注活動が効果的に**

さまざまな工程を経て完成。艤装とは、室内外の各種装備を取り付けること。

特徴的なビジネスモデル

タイヤメーカーの手がけるサブスクリプション ブリヂストンのビジネスモデル

① “タイヤの心配事”をゼロにする手法を構築

国内では普及していない事業に取り組む

さまざまな車両のタイヤを製造しているブリヂストン。古くから日本では、タイヤは「売り切る」のが一般的でしたが、同社では新たな収益源として、リトレッドという「タイヤの張

ブリヂストン

ミシュランやグッドイヤーとともに、世界トップクラスのシェアをほこるタイヤメーカー。2007年頃から、徐々にリトレッド事業を本格化しはじめた。

リトレッド

表面がすり減り、寿命がきたタイヤに、新しいゴムを貼り替えて再利用すること。

POINT!

- タイヤのことをすべてまかせられ、顧客はタイヤのことを考えなくてよくなる

Information

1931年設立。世界最大級のタイヤ製造、ゴム加工会社の1つ。日本国内の売上は、全体の約25%で、約50%は南北アメリカ。

り替え再生」を行う事業にも力を入れています。

リトレッド事業の1つが「トータルパッケージプラン」。タイヤのローテーション、交換時期の確認、外傷のケアなど、**管理をすべてブリヂストンに任せる**ことができ、加入すると一定の金額を払って「タイヤのことを考える必要がなくなる」サービスなのです。このプランでは、タイヤの所有権はブリヂストンにあることが多く、**いわば、タイヤのサブスクリプションといえる**でしょう。

トータルパッケージプラン

タイヤメンテナンス

高品質なメンテナンスにより、常に安全な運行を可能にする。

タイヤ管理、コンサルティング

タイヤを点検し、アドバイスをしてタイヤを適正に使用できる。

タイヤ

車両や走行条件に合わせた商品を提供。

日本でタイヤのリトレッド普及が遅れた理由

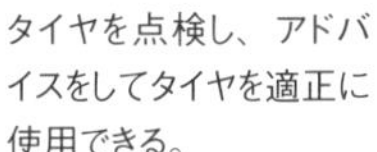

1. 諸外国に比べ、新品であることに非常に大きな価値があった
2. タイヤ性能の常用度が低い、荷台を牽引するタイプのトラックが少ない
3. 価格競争により、新品とリトレッドの価格差が欧米よりも小さい

②事業者、運転手、環境にとってのメリットも！

タイヤのサービスに隠されたメリット

タイヤの新しいビジネスモデルであるトータルパッケージプランは、事業者や運転手にとって多くのメリットがあります。

前述のように、タイヤのことを考える必要がなくなり、**チェック作業などの業務が減ることで、効率化**を実現できます。

POINT！

- 業務効率化、経費削減、環境負荷の軽減、安全運行などが実現できるまた、一貫して依頼することで**整備費用が安くなったり、常に最適な状態のタイヤで運行するので燃費が向上**したりするなど、コスト削減にも役立ちます。タイヤが最適な状態であることは**安全運行にもつながる**でしょう。

さらに、リトレッドは新品タイヤに比べて使用する資源が少なく、**環境負荷も低減**します。

〝タイヤのサブスクリプション〟のモデルはメリットが多く、今後さらに広がっていくはずです。

ブリヂストンの歴史

- 1930年……前身である日本足袋タイヤ部により第1号タイヤが誕生
- 1931年……福岡県久留米市に「ブリッヂストンタイヤ株式会社」を設立
- 1967年……米国ロサンゼルスに販売会社「ブリヂストン・アメリカ」を設立
- 1988年……アメリカで第2位のタイヤメーカーだった「ファイアストン」社を買収して子会社化。
- 1997年……F1に参戦
- 2007年……リトレッド事業のリーディングカンパニー「バンダグ」社を買収、子会社化

王道の
ビジネスモデル

Business Model

保険業界

保険の種類によって異なるが3つの利益源がある

「利差益」「費差益」「死差益」の3つの利益

保険は、人の**生死に関わる第一分野**と、事故によって受けた財産などの**損害を補償する第二分野**、**病気やケガの補償をする第三分野**があります。第一分野は生命保険、第二分野は損害保険と呼ばれ、扱うことのできる保険会社が異なります。

損害保険

物に関わる
第二分野

主に財産が損害を受けた場合に保険金が支払われる。損害保険会社のみが取り扱いできる。

- 火災保険
- 地震保険
- 自動車保険
- 旅行保険

病気や傷害に関わる
第三分野

病気やケガがあった場合に保険金が支払われる。生命保険会社、損害保険会社の両方が取り扱いできる。

- がん保険
- 介護保険
- 医療保険
- 傷害保険

保険代理店・保険ショップ

契約をした保険会社の商品を販売し、手数料を受け取る。消費者にとっては複数の会社の商品を比較できるメリットがある。

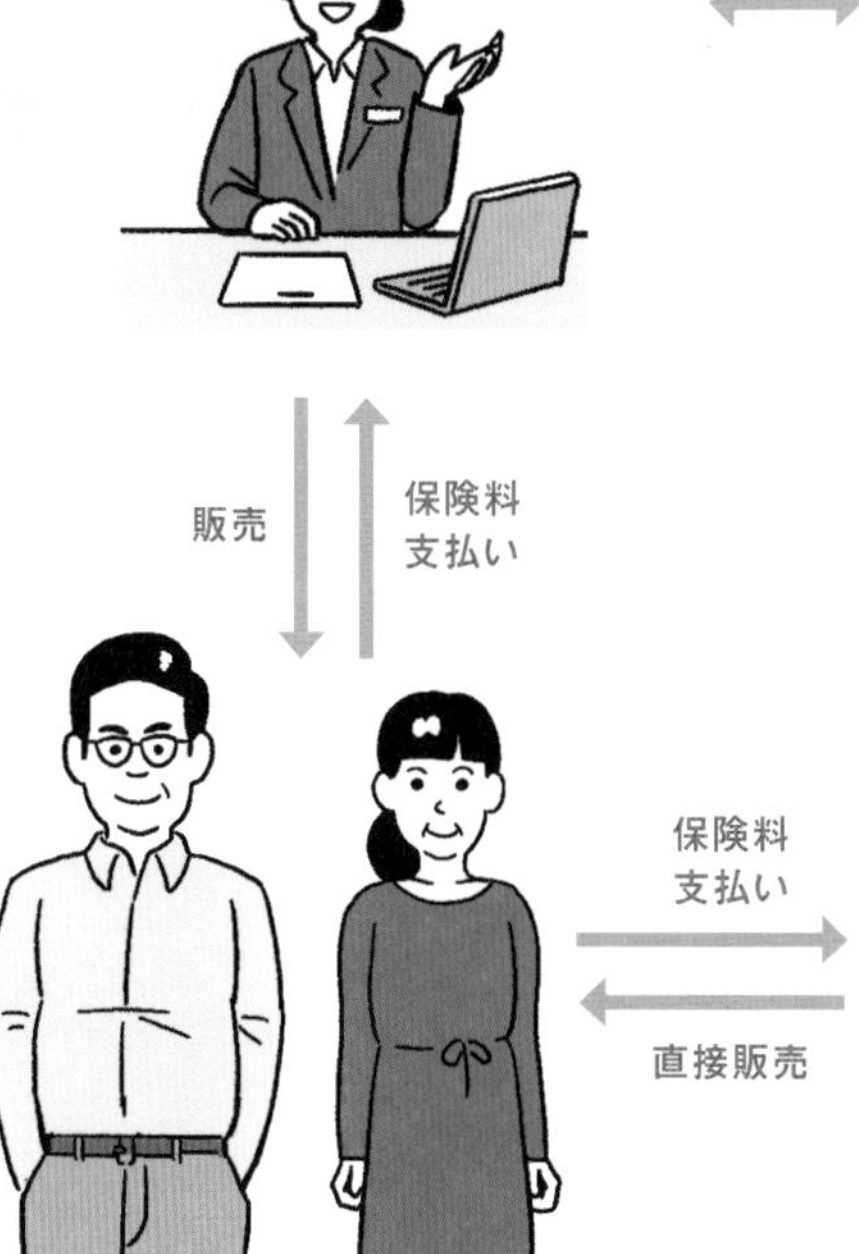

保険会社

生命保険

命に関わる
第一分野

被保険者が死亡した場合に保険金が支払われる。生命保険会社のみが取り扱いできる。

- 終身保険
- 定期保険
- 養老保険
- 学資保険

販売は保険会社が直接販売するほか、複数の保険会社の商品を扱う保険代理店、インターネットで加入できるネット保険も存在します。

生命保険会社の利益は「利差益」「費差益」「死差益」の3つです。利差益とは、予定利率よりも実際の運用益が多い場合の利益、費差益とは予定事業費より少なくて済んだ場合の利益、死差益とは予定死亡率よりも実際の死亡率が少なかった場合の利益。損保の場合、「死差益」は「危険差益」と呼ばれています。

特徴的なビジネスモデル

対象者をしぼって囲い込み、他社は参入できない 大同生命保険のビジネスモデル

ターゲットを明確にして経路をおさえる

大同生命保険は、多くの保険会社が行う一般個人への販売や、定期付き終身保険の販売は積極的に行わず、独自のターゲット戦略と、ターゲットが所属する団体と提携することで成長しました。**同社のターゲットは「中小企業の経営者」**。在任

大同生命保険

一定期間内に死亡すると保険金が支払われる個人定期保険の分野では、長期にわたりトップを維持。

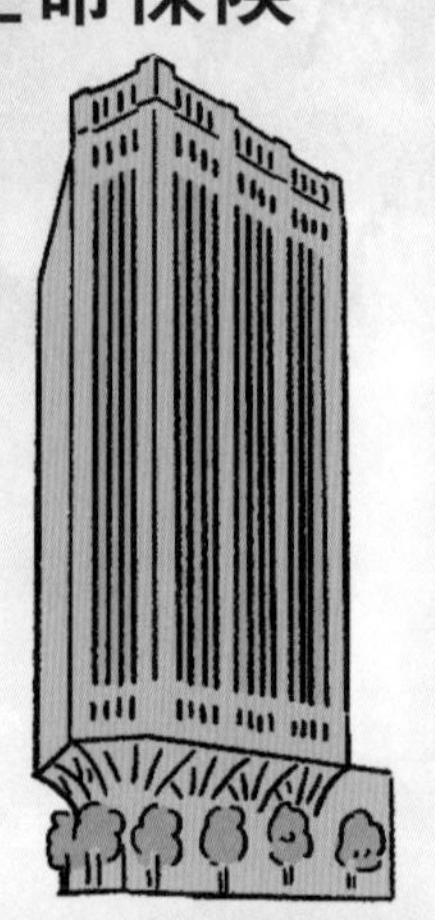

提携

提携

法人会

商工会議所

企業の経営者

Information

1947年設立。中小企業に特化した独自の戦略が評価され、2004年度に優れた経営に対して贈られる「ポーター賞」を受賞。

中の死亡保障で、保険金の受取人は法人である保険がメインです。**経営者は万が一に備えつつ、保険料を経費として計上でき、税務上のメリット**もあります。

大同生命保険は、日本最大級の税理士団体であるTKC全国会と提携して保険を販売。経営者を顧客にもつ税理士が、販売代理店となっているのです。税理士にとっても手数料が入るため、双方にメリットのある関係なのです。現在では商工会議所などとも提携しています。

顧客となる中小企業の経営者

TKC全国会

約1万1500人の税理士や公認会計士が会員であり、顧問とする企業は55万社にのぼる。

提携

税理士会

税理士法によって税理士が加入を義務付けられている監督機関。全国で15の法人がある。

提携

保険の対象

中小企業経営者の死亡保障

中小企業にとってリスクの高い、在任中の経営者の死亡保障にしぼって展開している。

- **経営者はリスクの大きな自らの不測の事態に備える**
- **保険料を会社の経費として控除できる**

提携

納税協会

顧客となる中小

POINT!

- **「やらないこと」と「ターゲット」を明確にし、自社の強みを発揮する**

特徴的なビジネスモデル

〝いいお客さまだけ〟集める手法を構築
ソニー損保のビジネスモデル

優良な顧客だけをターゲットにする

走行距離で保険料が決まる日本初の自動車保険を開発したのがソニー損保（ソニー損害保険）です。発売当時は画一的な保険が多く、運転量が少ない人には不公平感があったため、新しい料金を打ち出したのです。

その後、**運転の仕方に**

ソニー損保

損害保険の業界では後発だったため、他社と差別化をする必要があり、独自商品を開発。国内ではじめて走行距離に対応した保険を発売。

Ⅰ

「走行距離に関わらず保険料は同じ」という不公平に注目した「走るぶんだけ」

保険料のイメージ

通常　契約時　キャッシュバック後（−30%）

予想年間走行距離

安
3,000km 以下
5,000km 以下
7,000km 以下
9,000km 以下
高

Information

1998年設立。テレビCMなどで放送された「保険料は走る分だけ」というキャッチコピーで知られている。

よって返金をする「安全運転でキャッシュバックプラン」をはじめました。これは、運転のデータを録って事故リスクを予測し、「安全運転で事故リスクが低い」となれば保険料が返されるプラン。これらは**「低リスクで優良な顧客」を集めるビジネスモデル**です。支払う保険金が減り、保険料を下げられ、企業と顧客双方にメリットがあります。また、ターゲットの母数が減る手法なので、大企業が参入しづらいのもポイントでしょう。

直接販売

Ⅱ
スマホアプリで
運転のテストを行い、
安全運転なら
キャッシュバック

長距離運転者や
危険運転を
する人は来ず、
優良運転手が
集まる

POINT!

- **優良な顧客を集め、自社と消費者にとってWin-Winの関係を構築**

大手保険会社が導入しにくい理由

① 保険料を一律にしたほうが効率がいい

個々人の走行距離や運転技能に関わらず、保険料は一律にしたほうが効率よく販売できる。

② 優良運転手は母数が少なく、市場が小さい

ある程度の規模が必要な大手保険会社にとっては、優良運転手は母数が減るため、収入が減る。

③ コストがかかり、独自のノウハウが必要

保険料は、統計データから算出するが、偏った加入者の保険料を計算するのは独自のノウハウが必要。

王道の
ビジネスモデル

食品業界

「仕入れてつくる」のが基本。だが、近年は利益を出しにくい状況に

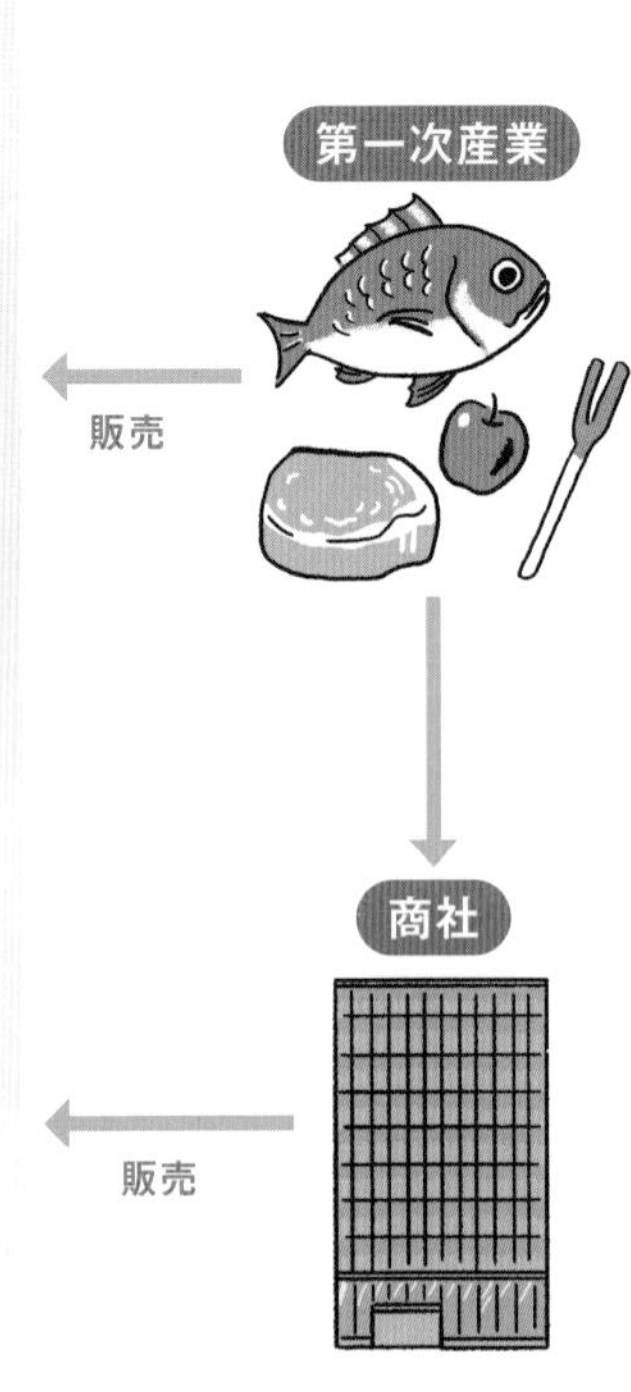

人の体に入る食品は高い安全性が重要

ひと口に食品メーカーといっても、乳製品、菓子、乾燥麺、冷凍食品など、製品は多岐にわたります。製品によってフローやビジネスモデルは異なりますが、代表的なものは、**第一次産業従事者などから材料を集め、食品メーカーが自社内**

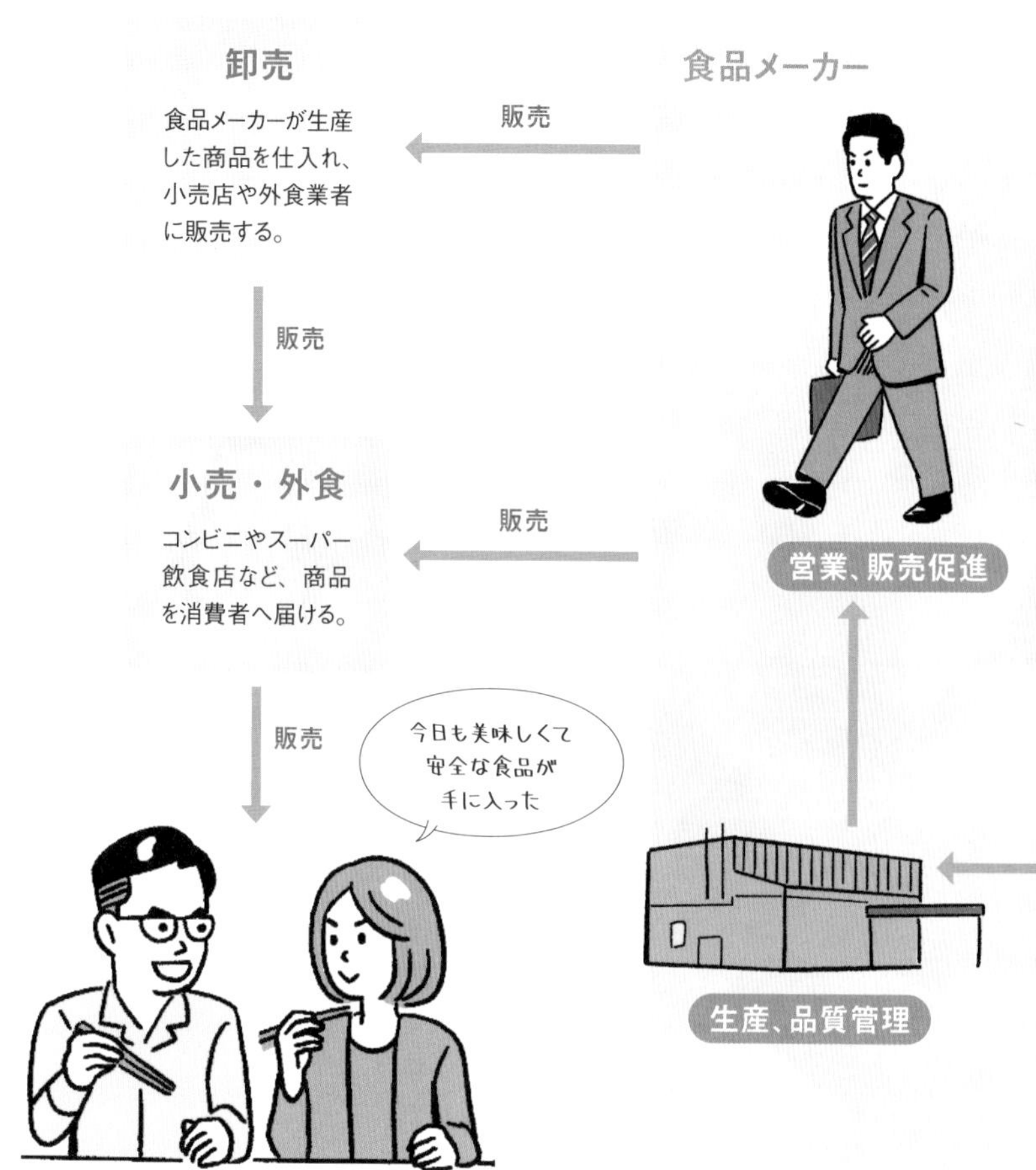

で研究・分析や商品開発をして生産し、販売するという流れです。

消費者の口に入るものを製造しているため、高い安全性が重要である点は食品業界の特徴の1つでしょう。

海外から食材を買い付けることも多いため、近年では世界的な物価高騰や、円高の広がり、コロナ禍による労働力の不足などが影響し、利益を出しにくくなっている現状があります。そのため、さまざまな手法で付加価値を上げる戦略に取り組む企業も多いようです。

特徴的な
ビジネスモデル

日本一売れるアイスをつくる独自路線

赤城乳業のビジネスモデル

発売開始から他社と異なる戦略

1981年発売の「ガリガリ君」で知られる赤城乳業。ユニークなテレビCMなどで話題を集めていますが、その裏には、発売初期からチャレンジングな戦略がありました。

発売当時、アイスキャンディーは駄菓子屋の専用

赤城乳業

1981年に発売し、看板商品になった「ガリガリ君」は、かき氷を棒に刺して片手で食べられるようにして、遊びながらでも食べられるアイスキャンディーを目指した。

代表的な商品

- ガリガリ君
- 大人なガリガリ君
- ガツン、とみかん
- シャビィ
- ミルクレア

Ⅰ 駄菓子屋ではなく、黎明期のコンビニを中心に展開

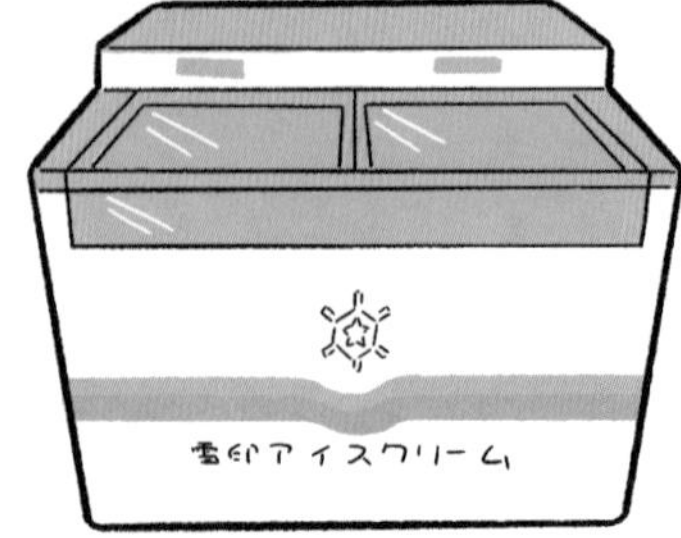

駄菓子屋での販売は当時の大手アイスクリーム会社がおさえていたため、大手が手薄だったコンビニを中心に展開した。

Information

1931年創業。「ガリガリ君」で全国的に知られている氷菓メーカー。社名に「乳業」とあるが乳製品はほとんどない。

ショーケースで販売するのが一般的でしたが、先発の大手企業がおさえており、売上を伸ばしにくい状態でした。そこで、**まだ黎明期であったコンビニでの販売に注力**。コンビニの成長とともに、販売も増加していきました。また、**同社の「あそびましょ。」というスローガンもポイント**です。「値上げ」や「売れてないこと」を訴求したり、「ありえない味」を販売するなど、他社にはマネできない展開をすることで、独自性を発揮しているのです。

Ⅱ スローガンは「あそびましょ。」

一般的な食品メーカーは訴求しない、「値上げ」「販売不調」をアピールしているが、消費者も好意的に受け止めている。

TVCM

「25年踏んばりましたが、60 → 70」
「かじれ青春」

味

- ナポリタン味
- コーンポタージュ
- たまご焼き
- ピスタチオ　など

POINT!

- 黎明期のコンビニでの販売で、売上を伸ばす
- 他社とは異なる商品、訴求方法で差別化をはかる

参入が難しかったアイスキャンディー

① 製造機器に費用がかかり、小さい企業は難しい

アイスキャンディーは装置産業であり、駄菓子屋で販売する菓子をつくるような中小企業での製造は難しかった。

② 大手企業にとって、季節商品はリスクがあった

売れる時期と売れない時期があるアイスキャンディーは大手企業にとってはリスクがあった。

特徴的なビジネスモデル

ネスレのビジネスモデル

消耗品で稼ぐ典型的なジレットモデル

高品質で利益率の高いカプセルがポイント

髭剃りのメーカーであるジレットでは、本体部分を安価で売り、消耗品である替刃を相対的に高値にして収益を上げるビジネスモデルを生み出しました。現在では、このモデルは広く知られ、ジレットモデルと呼ばれています。

ネスプレッソ

ネスレが 1986 年に開始した事業。世界で50カ国以上に展開し、1,000 万人を超える会員がいる。「究極のコーヒー体験」を届けることがミッション。カプセル式コーヒーを専用コーヒーメーカーで抽出するシステムを提供している。

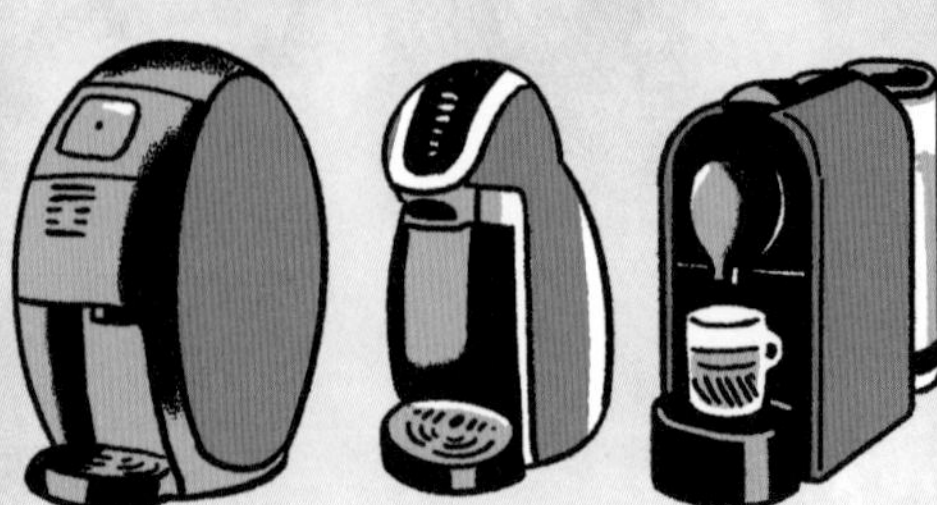

POINT!

- コーヒーメーカーの値段をおさえ、消耗品のカプセルで利益を出す。
- 消耗品は、他社にはマネのできない高品質な製品をつくる。

Information

1866 年にスイスで設立。世界最大級の売上をほこる食品メーカー。コーヒーに加え、菓子やパスタなども扱っている。

これを食品業界に応用したのがネスレです。ネスレはネスプレッソというブランドをもち、独自技術のあるコーヒーメーカーを販売。コーヒーメーカーは、利益はあまりないようです。しかし、**コーヒーを淹れる際に使うカプセルは利益率が高く、こちらで利益を上げています。**

ジレットモデルでは、**他社にはつくれない消耗品であることが重要**なため、ネスレでは、現在でもカプセルや味わいの研究を行っています。

ジレットモデル

製品本体を無料、もしくは低価格で提供し、消耗品で利益を出す戦略。

特徴的な
ビジネスモデル

販売エリアをしぼって資源を集中し、日本一の駅弁へ
崎陽軒のビジネスモデル

全国展開しないことで売上を向上

横浜駅の駅弁としてつくられた崎陽軒の「シウマイ弁当」。発売当時、東海道線のホームで「シウマイ娘」が販売するスタイルで話題になりました。

当時、シウマイは賞味期限が短いという課題があり、

崎陽軒

名物のなかった横浜で、名物にするために開発されたシウマイが起源。現在、シウマイ弁当は日本でもっとも売れている駅弁の1つ。

POINT！

- 販売エリアをしぼったことで、逆に全国的な知名度を獲得
- 値引きされにくいお土産としての需要を生み出すこともできた。

Information

1908年に横浜駅（現在の桜木町駅）構内の売店として開業。横浜名物のシウマイを製造、販売している。

崎陽軒は約5ヶ月保存可能な真空パックを開発。これにより販売エリアが全国へと広がったのです。一旦は販売をはじめたものの、真空パックではその味を再現できないという問題もありました。味を犠牲にしてそのまま全国展開するか、**味を守って横浜周辺に留まるかの選択を迫られた崎陽軒は留まることを選択**。現在ではこのおかげで、崎陽軒は**横浜発のブランドとして全国的な知名度を獲得**し、お土産としても人気が高まっていきました。

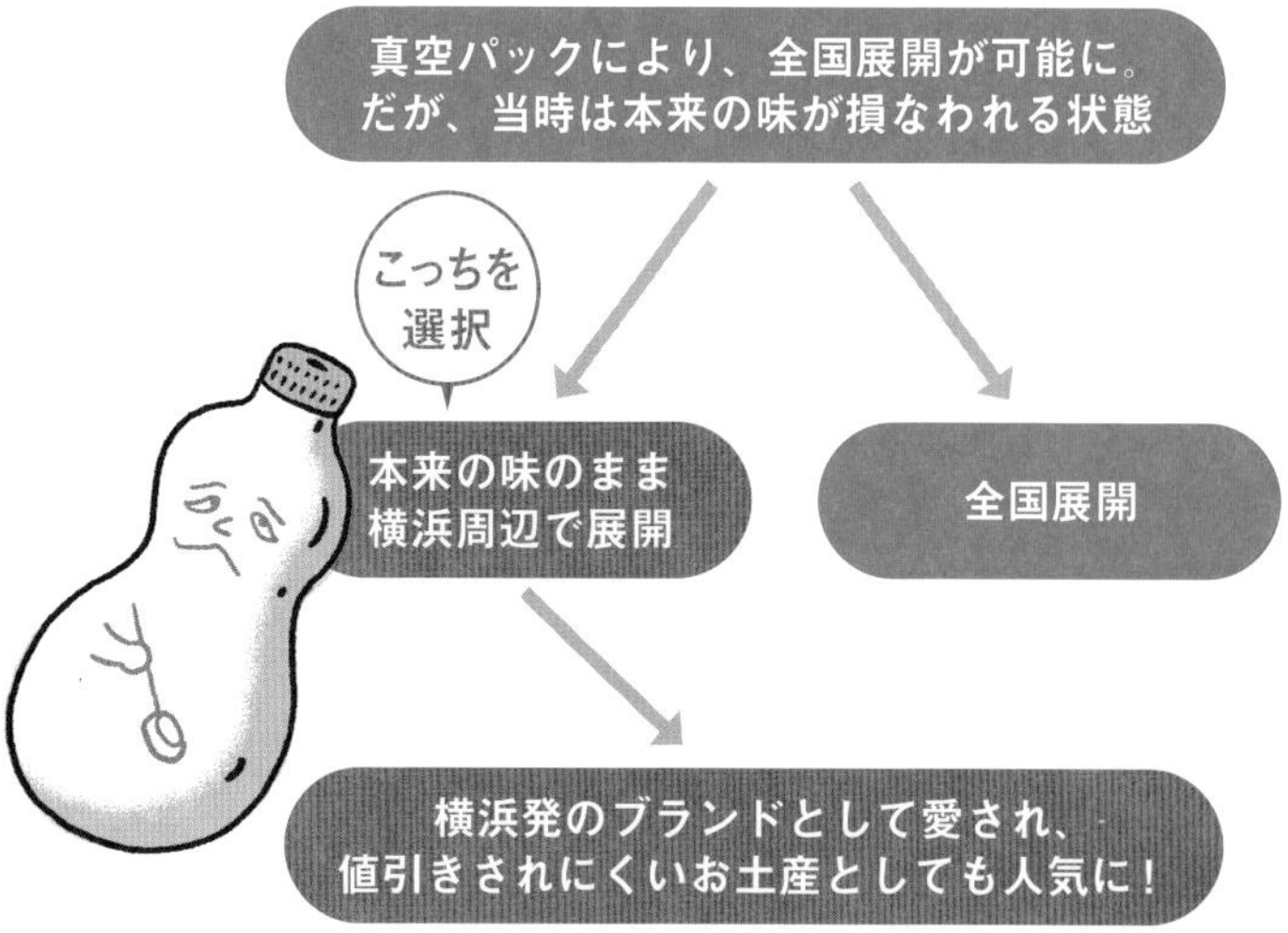

真空パックにより、全国展開が可能に。
だが、当時は本来の味が損なわれる状態

こっちを選択

本来の味のまま
横浜周辺で展開

全国展開

横浜発のブランドとして愛され、
値引きされにくいお土産としても人気に！

かつては全国の百貨店やスーパーに供給していたが、2010年からは、販路を直営店と通販にしぼっている。

類似のビジネスモデル

「ヤマサちくわ」もエリアを限定して販売

豊橋のちくわ・かまぼこメーカーであるヤマサちくわも「比叡山や箱根の山を超えて直営店をもたない」ことを決めている。ほかのかまぼこメーカーほど規模が大きくないため、中部エリアにしぼっているのだ。

エリアをしぼって販売
↓
- 経営資源を集中し、大手企業と渡り合う
- その場所でしか買えないお土産需要も！

王道のビジネスモデル

医療業界

病院を中心に、製薬会社や医療機器メーカー、薬局など関わり合う

国民の健康を守る大小さまざまな病院

医療業界のビジネスでは、患者の診察・治療・投薬を行う病院や診療所を中心に、病院で使う医療機器を製造するメーカーや、薬剤を開発する製薬会社、消費者へ薬を販売する薬局などが関わり合っています。

基本的に病院は患者から

製薬会社

医薬品の創薬、開発、生産を行う。莫大な費用が必要なため、大規模な企業が多い。

医薬品卸

厳重な管理が必要な医薬品の物流を管理している。

医療機器メーカー

人命に関わる医療機器の開発を行う。製品化には臨床試験や国の審査が必要。

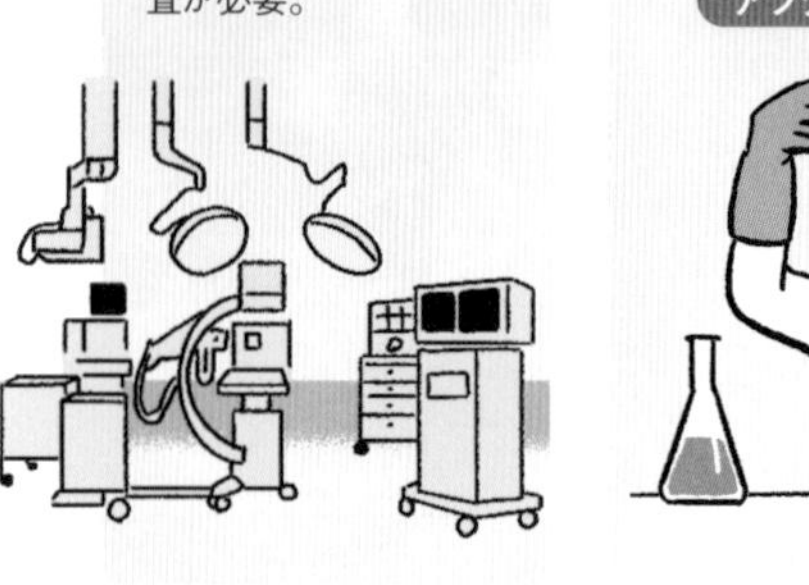

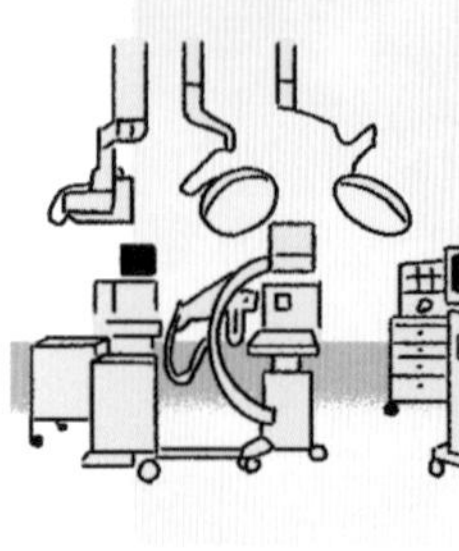

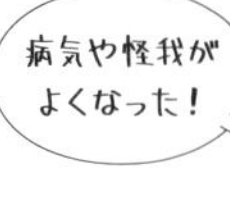

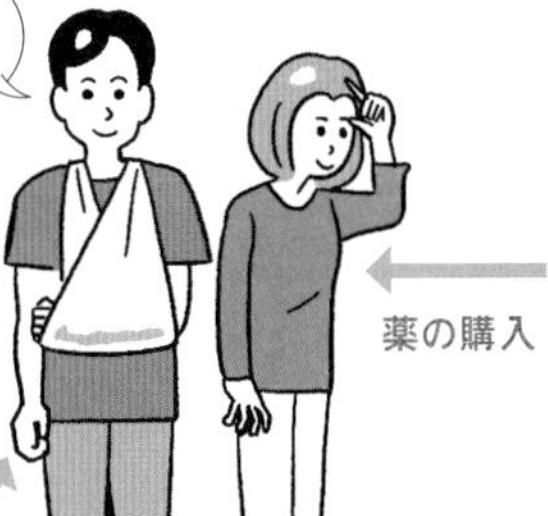

治療

治療

薬の購入

薬局

薬剤師が調剤を行う。医療法で医療機関の１つとされ、知事の許可が必要。

病院

一般病院	地域医療支援病院	特定機能病院	臨床研究中核病院
20人以上が入院できる	**200人以上が入院できる**	**400人以上が入院できる**	**400人以上が入院できる**
複数の診療科と20以上の病床をもつ。主に入院治療が目的。	地域医療の確保をはかる。病床や高度医療機器の共同利用を行う。	心臓手術など高度医療の提供や、高度医療技術の開発などを行う。	高度な医療機器開発などに必要な臨床研究を推進する役割。

診療所

入院できるのは19人以下

無床、またはベッド数が19以下で、主に外来患者の診察や治療を行う。

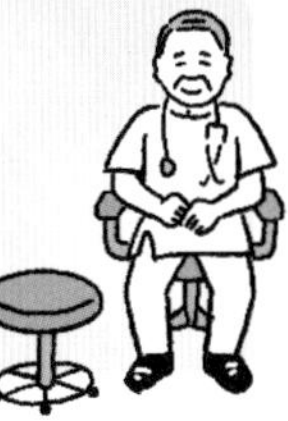

助産所

入院できるのは9人以下

助産師が助産や新生児の保険指導を行う。

の診察料や薬代で成り立っていますが、日本には誰もが医者にかかれるよう医療保険制度があるため、年齢などによって異なりますが患者の負担は1～3割程度です。

患者が訪れる医療機関は、規模によって病院と診療所に分けられ、病院はさらに特別な機能・役割をもつ地域医療支援病院や特定機能病院などがあります。

基本的に、**規模が大きな病院は入院医療や高度な医療を行い、小さな病院や診療所は外来医療が中心です。**

特徴的なビジネスモデル

病院のターゲットは患者だけじゃない!?

青梅慶友病院のビジネスモデル

苦労している家族にも最大限の配慮を

青梅慶友病院は、高齢者専門病院として知られ、認知症の患者が多く入院しています。病院の顧客が患者であるのはもちろん、同病院では患者に加え、**介護をする家族も顧客と考えています**。認知症患者の場合、入院を決めるのは家族であ

青梅慶友病院

患者にとって居心地がよく、家族にとっても安心できる場所を実現。規制の多い医療業界で高い顧客満足を実現している。

ターゲット

Information

1980年東京都青梅市で開業。「自分の親を安心して預けられる施設」を目指し、看護や介護、医療を一体して提供している。

ることが多く、また、大変な思いをしているのは家族も同様だからです。

「家にいるときと同じ」というコンセプトを掲げる同病院では、**入院患者への面会を24時間受け付け、時間にしばられずにお見舞いができる**ようにする取り組みも行っています。

さらに、**看護師が家族の名前まで覚えたり、家族に求められれば医師が丁寧に病状を伝える**といった、きめ細かな対応をすることで、患者の家族に寄り添っているのです。

家族を対象にしたサービス

特徴的なビジネスモデル

医薬品の売り手と買い手を仲立ちする薬局 リバイバルドラッグのビジネスモデル

需要と供給のアンバランスに着目

薬局で扱う薬は、需要の少ないものでも「箱買い」が基本で、約3年の使用期限があるため、費用をかけて廃棄されることも珍しくありません。そこに目をつけたのがリバイバルドラッグという特殊な薬局です。ある薬局で余った医療用

Information

神奈川県の調剤薬局「カバヤ薬局」の子会社として2003年設立。2006年に「リバイバルドラッグ」を立ち上げた。

日本の医薬品をめぐる現状

- 医薬品の製造は、納品ロットが大きい。
- 法律により、処方箋があれば調剤を拒めないため、1人のためでも薬を用意しなければならない。
- 薬にはおよそ3年間の使用期限がある。
- 薬を廃棄するのにもコストがかかる。

医薬品を、別の薬局や病院に販売する「リバイバルベーシック」「リバイバル倉庫」という仕組みをつくったのです。ただし、同社は、**薬を仕入れて販売しているわけではなく、売買の仲介をして手数料を得ています。**

薬の余った薬局にとっては、**廃棄コストが不要になっただけでなく売ることができます。**また、**購入する薬局にとっても、少量を安い値段で購入できる**ため、双方にメリットの大きいビジネスなのです。

買い手

リバイバルドラッグ

買い手と売り手の間で、仲介手数料を得る。余った薬を減らしたい薬局と少量だけ薬が必要な薬局のニーズを結びつけた。

リバイバル倉庫

売り手から預かった薬を検品して一時保管し、買い手が購入する。

リバイバルベーシック

売り手は余剰医薬品の情報をサイトに掲載し、買い手が決まったら薬をリバイバルドラッグに郵送し、リバイバルドラッグが検品して売り手に送る。

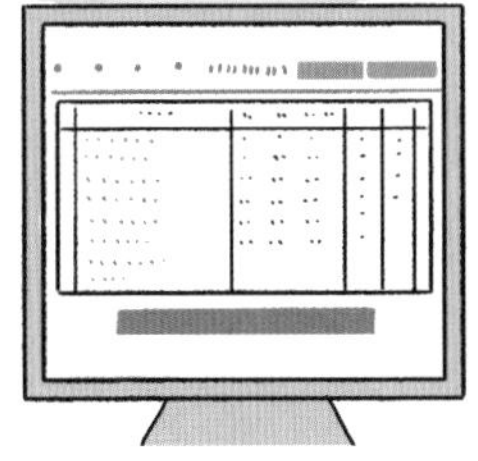

特徴的なビジネスモデル

戦略立案に必須の医薬品に関するデータを販売 IQVIAソリューションズジャパンのビジネスモデル

データ収集に特化し高いクオリティを実現

古くは、製薬会社は自社のなかで研究から販売まで一貫して行うのが一般的でしたが、2005年に規制が緩和され、特定の機能を外注できるようになりました。規制緩和の前から医薬品の市場データを製薬会社に販売していたのがIQV

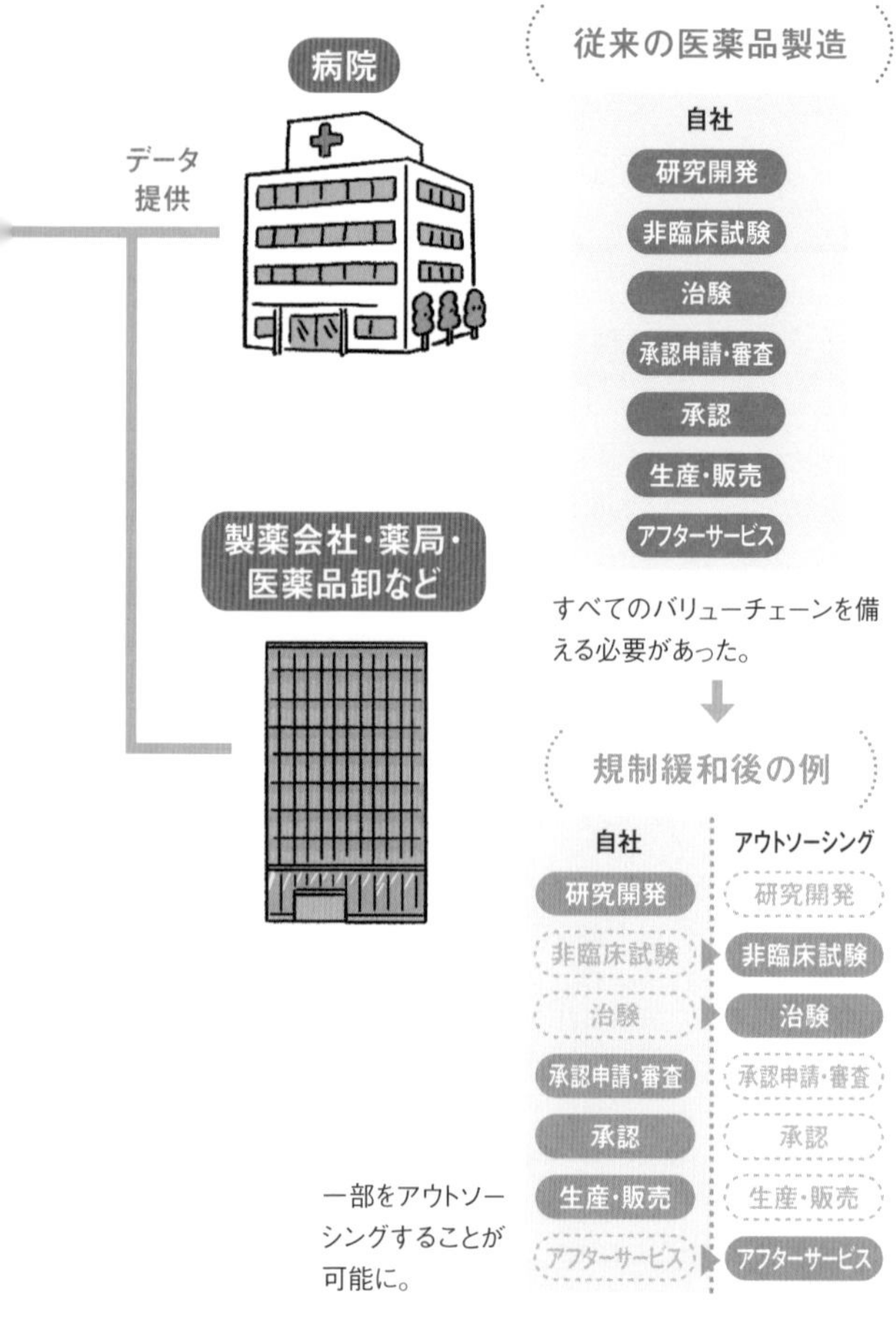

従来の医薬品製造

自社
研究開発
非臨床試験
治験
承認申請・審査
承認
生産・販売
アフターサービス

すべてのバリューチェーンを備える必要があった。

規制緩和後の例

自社	アウトソーシング
研究開発	研究開発
非臨床試験	非臨床試験
治験	治験
承認申請・審査	承認申請・審査
承認	承認
生産・販売	生産・販売
アフターサービス	アフターサービス

一部をアウトソーシングすることが可能に。

病院
データ提供
製薬会社・薬局・医薬品卸など

Information

1954年ドイツで創業し、現在は100カ国以上で展開。日本では旧IMSジャパンが1964年に創設され、統合して現在の形に。

IAソリューションズジャパンです。

　同社は製薬会社や調剤薬局、病院などから情報を集め、**「ある医薬品が必要になった時期や場所、理由」を把握できるデータを提供**しています。

　現在では、ほとんどの製薬会社が同社からデータを購入しており、**市場分析やシェア計測、戦略立案にはデータが必須の状態**になっています。長年のノウハウにより、高度な質・量のデータを備え、新規参入の難しい状況をつくっているのです。

IQVIA ソリューションズ ジャパン

古くからデータを集め、提供するビジネスを展開しており、ほぼ寡占の状況をつくり上げた。現在では、他社にはマネのできないデータにもとづいたコンサルティングも強化している。

提供するデータ

- 医薬品売上データ
- MRなどの医療施設訪問状況データ
- 診断・薬剤の処方データ
- 調剤レセプトデータ　など

データを購入

データがないと経営戦略を立てられない！

データを購入

POINT!

- 製薬会社の業務の一部に特化し、圧倒的な専門性を発揮している

特徴的なビジネスモデル

医師の9割が使う医療情報ポータルサイトを運営 エムスリーのビジネスモデル

世界初のビジネスモデルを構築

エムスリーは、いくつもの新しいビジネスを展開していますが、主なサービスに「m3.com」「MR君」「M3キャリアエージェント」があります。医療ニュースなどを掲載する**「m3.com」に登録した医師に対し、製薬会社なら「MR**

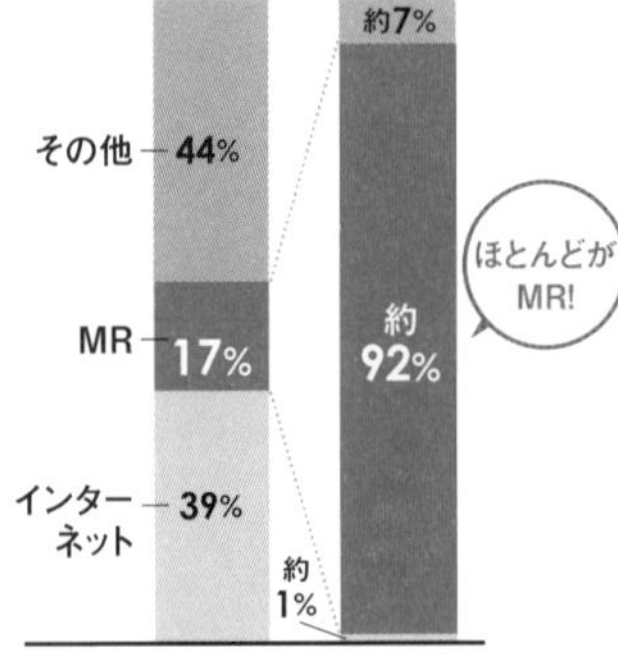

製薬会社の営業コストの9割以上がMRなのに対し、医師がMRから情報収集をするのはたった17%と大きな差がある。

Information

2000年設立。インターネットを活用した医療関連事業を行う。日本で初めてインターネットを活用したビジネスモデル特許を取得。

POINT!

- 9割以上の医師が登録するサイトをつくり、ネットワークを構築
- 製薬会社のMR関連費用を最適化するのに貢献

君」で自社の薬の情報を提供し、病院なら「M3キャリアエージェント」で求人情報を掲載します。**医師の利用は無料ですが、製薬会社や病院などは、アカウント利用料や情報掲載料などを同社へ支払う仕組み**です。

もともと、医師が情報取集する時間に対し、製薬会社のMRの営業コストは不釣り合いな部分があり、「MR君」によって、製薬会社は効率的に医師への情報提供ができるようになったのです。

王道の
ビジネスモデル

フィットネス業界

大手が運営する総合的なクラブと、ターゲットをしぼったクラブが増加

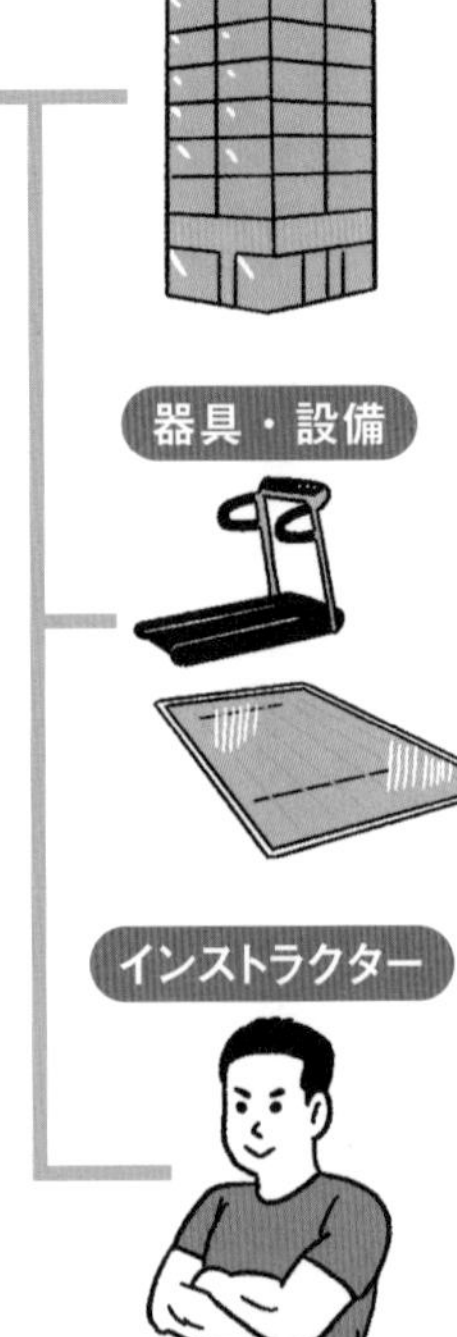

事務

受付業務やスタッフの調整、トレーニング設備の発注などの事務。

大手ジムの
代表的なメニュー

- 筋力トレーニング
- 有酸素トレーニング
- ヨガ、ピラティス
- ダンス
- 格闘技
- スイミング
- 太極拳、気功　など

大規模なクラブはコストが増加

大手の総合フィットネスクラブは、筋力トレーニングをするジムやスタジオ、プール、サウナなどを備える大規模な施設を運営しています。社内の業務としてはトレーニングのプログラムを管理したり、設備の保守を行ったり、受付やス

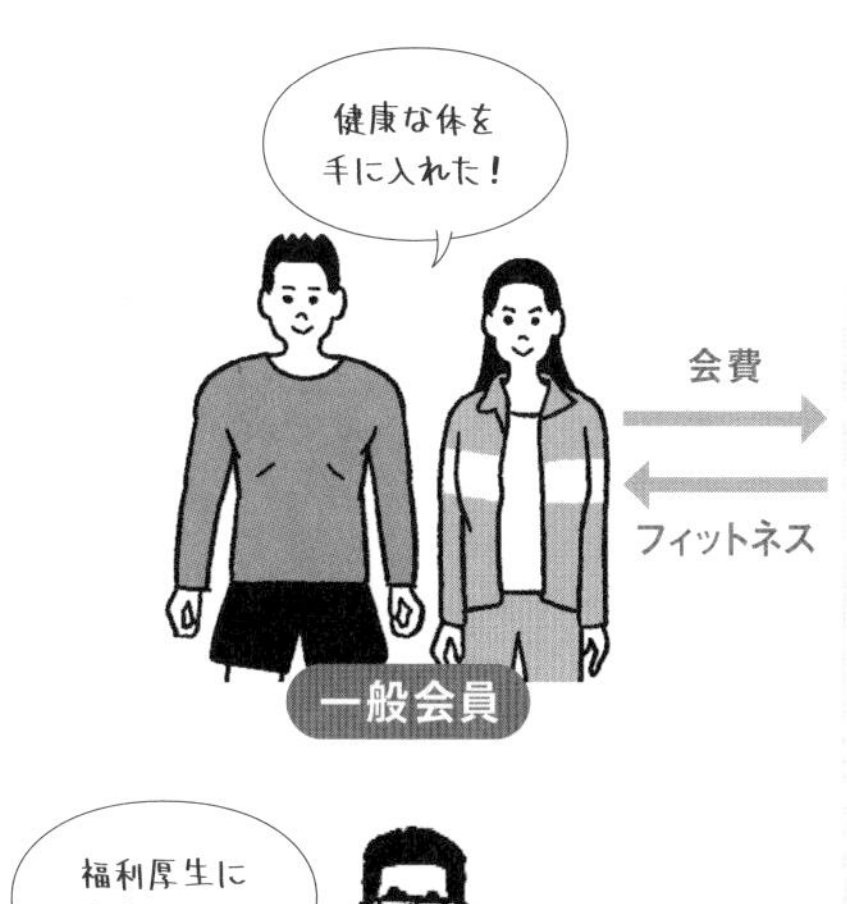

スポーツクラブ

トレーニング設備やプールなどの維持・管理を行う。

楽しみながら継続できるトレーニングのプログラムを開発。

タッフの調整などの事務を行う部門があります。こうした**総合フィットネスクラブは、設備の維持管理費、サウナやプールなどの水道光熱費、インストラクターの講師料など、コストが大きくなる**ため、利益を上げにくい構造があります。

最近のフィットネスクラブには、パーソナルトレーニングに特化したものや、筋力トレーニングのマシン設備を充実させたもの、女性が通いやすくしたものなど、**ターゲットをしぼったジムも増加**しています。

特徴的なビジネスモデル

必要最小限の設備が、むしろ顧客を呼び込む
カーブスのビジネスモデル

実は深い戦略のある簡易型フィットネス

プールやスタジオ、シャワーなどがなく、円状に配置されたマシンを使って30分ワンセットでトレーニングをする簡易型のフィットネスジムであるカーブス。

ターゲットである女性が気軽に通えるようにするため、スタッフを全員女性に

ターゲット

運動はしたいけど
ジムって行きづらい

ちょっと運動したい主婦

POINT!

- ターゲットを明確にして、顧客満足の向上と低価格を両立

Information

1992年にテキサスで1号店がオープン。日本では2005年にオープンし、国内でトップ5に入る売上になるまでに成長している。

したり、シャワーを設置しなかったり、体型に自信のない人が気にしないよう鏡を置かなかったりと、**「一般的にはあるものを排除する」工夫をしています**。

また、プールなどの大きな設備が必要ないため、**住宅街の雑居ビルなどにも出店できることは、主婦にも通いやすい立地と、賃料コストの削減**につながっているのです。

最小限の設備で賃料もおさえられているため、会費は大手ジムよりも低く設定されています。

特徴的な
ビジネスモデル

新しいフィットネスの形を展開する ナップワンのビジネスモデル

1分単位で利用できる新しいフィットネス

国内初のフィットネスクラブの従量課金制サービス「Nupp1」を運営するナップワン。

「Nupp1」は、提携した大手フィットネスクラブやボルダリングジム、ヨガスタジオなどの設備を、利用者が少ない時間帯に、1

ナップワン

入会金や月額費用なしで、自由にトレーニングができる従量課金制の「Nupp1」を運営している。

Information

2018年設立。ジムを退会した人や新しく運動をはじめる人へ、気軽に運動ができる「Nupp1（ナップワン）」を運営。

分単位で使うことのできるサービスです。ナップワンは「Ｎｕｐｐ１」登録者が支払う利用料から手数料を受け取り、利益を上げています。

利用者にとっては、スマホ１台あれば、どこにいても会員にならずに、使った分だけの料金でトレーニングができ、一方で提携先企業にとっても、空いている時間に利用料を得ることができ、双方にメリットがあるのです。新しい形のシェアリングシステムとして注目を集めています。

POINT!
自由に使いたい利用者と、空いている時間を減らしたいフィットネスジムの両方のニーズを満たす
ボ
リ
ウェイトルーム
使った分だけ料金を払う!
ジムの入会金や入会手続きが不要

3

現在では定番となった“儲けるため”の仕組み

ビジネスモデルには、収益を得る仕組みとして、定番になっているものがあり、こうした手法を狭義にビジネスモデルと呼ぶこともあります。ジレットモデルもその1つでしょう。ここでは、いくつかの代表的な儲けの仕組みを紹介します。

価格の差で、安定して利益を出す「裁定取引」

裁定取引とは、金融業界などで使われる用語で、異なる市場で価格や金利の差を利用して利ざやを稼ぐ手法。簡単にいえば、水資源が豊富な日本で安価に水を仕入れ、水が貴重で高値で売買される砂漠などで売るというモデルで、水を運ぶだけで利益を出すことができます。

ビジネスにおいては、**「一時的に価値の下がっているものを購入し、価値を戻してから販売する」**という手法が使われることがあります。例えば、賃借人がいるマンションは、空室のマンションに比べて25%程度、売却価格が下がるのです。スターマイカという不動産企業は、この差に注目し、賃貸中のマンションを購入し、貸借人が退去したらリフォームして売却するというモデルで成功を収めています。

リスクを減らして収益を追求「ポートフォリオ」

元々は、「紙ばさみ」「折りかばん」「書類入れ」を表すポートフォリオは、金融業界では「現金や株式、不動産など、保有する金融商品の組み合わせ」を指します。**資産を複数に分散してリスクを下げながら収益を得るという考え方**です。

本書に登場した劇団四季（P118）は、ヒットした作品を上演することに加え、テーマの異なる演目を組み合わせて上演し、リスクをおさえています。また、複数の会社が参画する映画の制作委員会方式は、ポートフォリオの考え方にもとづいています。このように、ポートフォリオはハイリスク・ハイリターンの業界でも有効です。

収入を最大化する「レベニュー・マネジメント」

需要を予測して在庫管理や価格管理を行い、収入の最大化を目指すレベニュー・マネジメント。航空業界やホテル業界などでは定着している手法です。**レベニュー・マネジメントの核となるのが、ダイナミック・プライシングという価格を変動させる技法**です。例えば、電力や通信などの業界では、ピーク時の需要を下げ、ボトム時の需要を上げるため、季節や天候、時間帯などによって価格を変えています。

現在では、Jリーグなどでも、人気のある試合とそうではない試合で価格の差をつけるなど、ダイナミック・プライシングを活用するチームが増えています。

ポイントは利用者の数「ネットワーク効果」

ネットワーク効果とは、ある商品やサービスの利便性が利用者の数に関わっており、**利用者が多いほど利便性が高まる効果**のこと。加入者が多いほど便利になる電話を考えるとわかりやすいでしょう。

例えば、現在でも電子書籍は規格や端末が統一されていませんが、著者にとっては読者の多い規格のほうが望ましいため、そうした規格には書籍が集まり、さらに規格の魅力が高まっていきます。これがネットワーク効果であり、キンドルを発売するアマゾンは、このような手法で拡大をねらっているのです。

有料顧客が無料の客を支える「フリーミアム」

フリー（無料）とプレミアム（割増料金）を合わせた言葉である「フリーミアム」ですが、インターネットの普及により、このモデルを活用するビジネスが急激に増加しました。内容としては、**無料版で集客し、一部の顧客に利便性や魅力を高めた有料版を購入してもらう仕組み**です。無料版の多くは、利用時間や機能、人数に制限がかかります。

代表的な例として、スカイプは、スカイプ同士の通話は無料とし、スカイプから固定電話や携帯電話、また、固定電話や携帯電話からスカイプへの通話を有料にしています。

Section 3

「なんであんなにうまくいく?」

成長する企業に隠された ビジネスモデルの秘密

外部から見ていると、似ているようなサービスを
提供している企業同士なのに、成長する企業と、
一方ではうまくいかない企業があります。
Section3 では、成長する企業の秘密をひも解いていきます。

なぜ、QBハウスは急成長することができたのか？

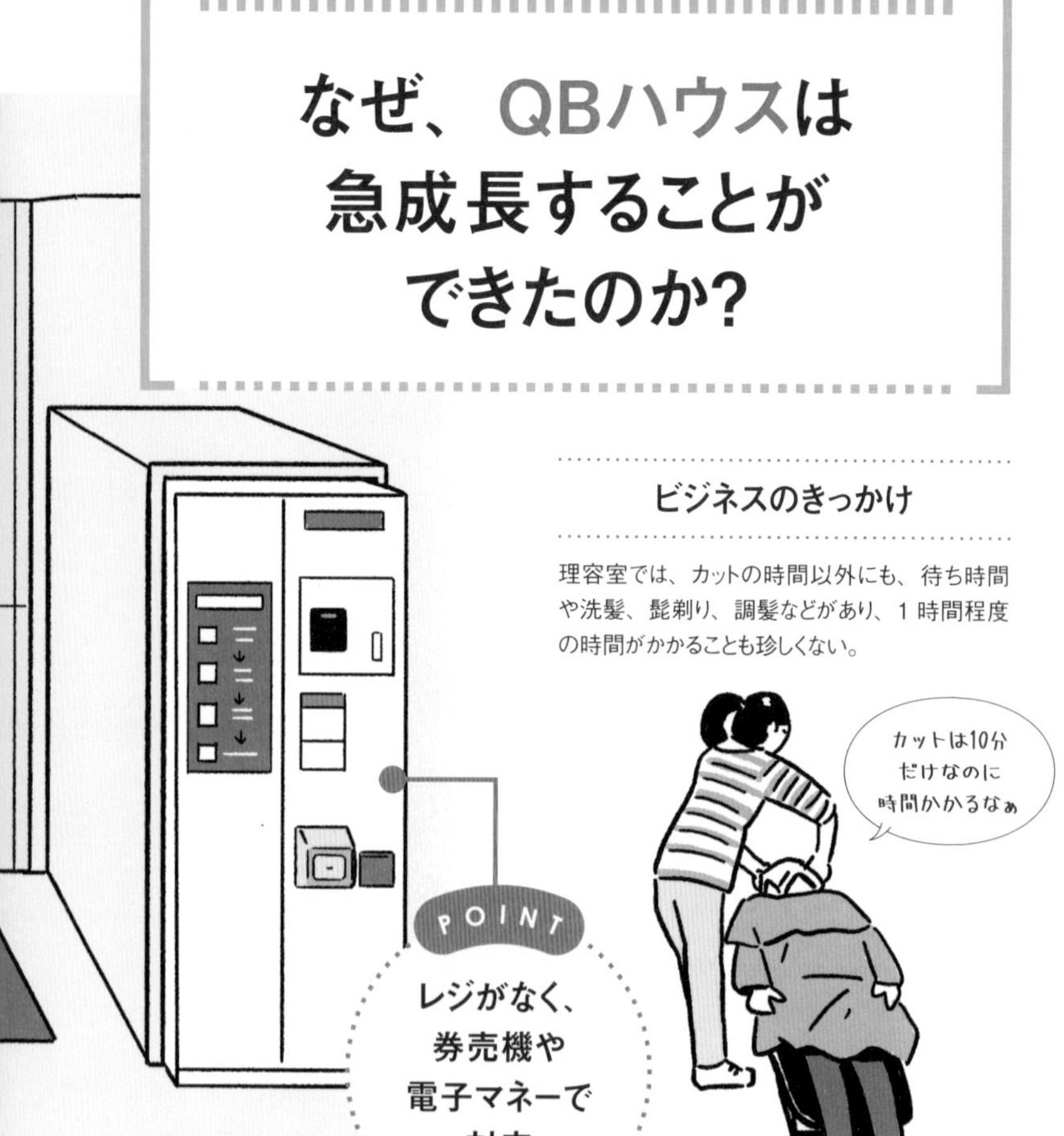

ビジネスのきっかけ
理容室では、カットの時間以外にも、待ち時間や洗髪、髭剃り、調髪などがあり、1時間程度の時間がかかることも珍しくない。
カットは10分だけなのに時間かかるなぁ
POINT
レジがなく、券売機や電子マネーで対応

不要なものの排除で短時間の対応を実現

株式会社キュービーネットホールディングスが営むQBハウス。10分1000円（2023年4月現在1350円）で散髪をする理容室として創業し、2022年には国内591店舗に増加しました。成長の秘密を見てみましょう。

事業のきっかけは、**理容室に要する時間**。散髪は10分でも、洗髪や髭剃りに時間がかかります。〝短時間の散髪〟に価値があると考

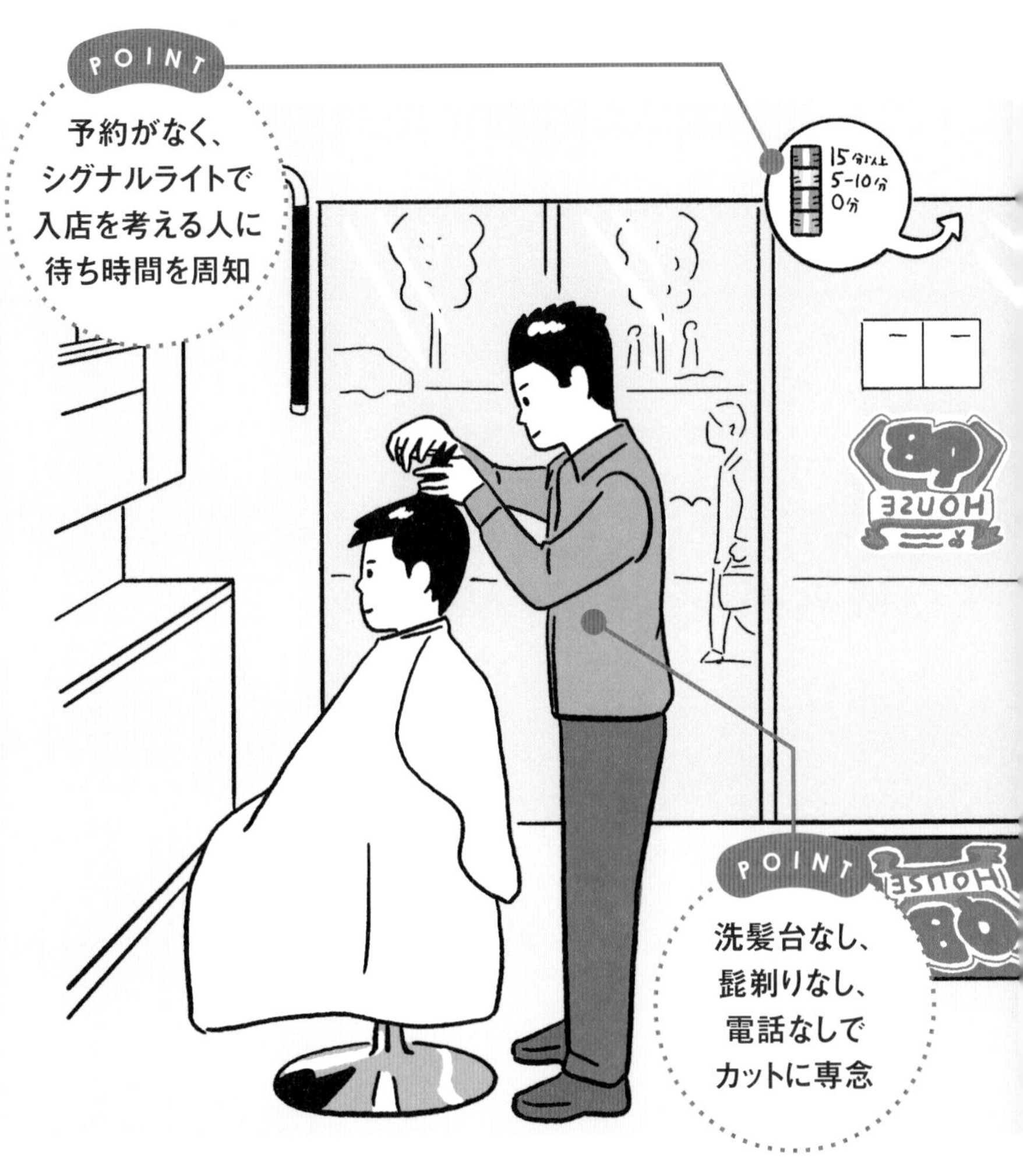

えたことがスタートです。

QBハウスでは、カットに必要ないものはすべて取り除いています。例えば、切った髪はエアウォッシャーで吸うので、基本的に洗髪台はありません。現金のやりとりをなくすため、券売機や電子マネーで対応。予約もないため電話はなく、シグナルライトで店外に待ち時間を知らせています。髭剃りもありません。**カット以外のものを排除することで、カットに専念し、短時間での対応ができる**環境をつくっているのです。

簡素化と低価格化を実現！しかもそれは、競合にはマネできない戦略

I ほかの理容室がマネをしようとするとせっかくの設備が負債に！

1からつくり上げたQBハウスでは、はじめから洗髪台や剃刀をなくしたが、既存の理容室には設備があるため、マネをするにはそれらを排除しなければならない。

大手にはできない回転率を高める手法

ビジネスの面で考えると、創業当時、理容師や美容師は免許制度が厳しく、業界への新規参入が限られていたことがＱＢハウスにとって追い風になりました。

そして、ほかの理容室と比べて安価な価格を実現するのに、もっとも重要なことが回転率を上げること。ほかのサービスをせず、**カットに専念して1人を10分で対応していることは、回転率の向上に直結**してい

II

理容師がもつ技術を生かすことができない

提供するサービスをカットだけにすると、理容師がもつ髭剃りや洗髪といった技術が無駄になる。ほかの理容室がマネしようと思っても、自社にある技術やノウハウを使えなくなってしまうため、参入しにくい。

III

低価格化には、圧倒的な回転率が必要

回転率を上げるには、顧客1人の対応時間を削減する必要があり、抜本的な改革が必要になる。

こんなエピソードも!

中高年男性以外にも顧客を広げるため、新ブランドを展開

2011年、QBハウスでは中高年男性以外にもターゲットを広げるため「FaSS」という店舗を開店。ターゲットは20～40代くらいの男女で、目安は20分で料金は2200円（2023年4月現在2400円）。中目黒など、ファッショナブルなエリアに出店している。

るのです。また、駅の構内や周辺に店舗を展開しているのも、**人通りの多い場所で回転率を上げる**ための工夫の1つです。

大手の理容室などがQBハウスをマネしようと思っても、売上が大きく減少するため、QBハウスの価格は実現できません。また、カットに専念するのは、理容師のもつ洗髪や髭剃りの技術を生かせなくなるため、難しいのです。

顧客への価値提供や、独自戦略により、QBハウスは成長を続けています。

小売店のマルイが、“売らない店”をはじめたってどういうこと？

店頭では販売しない戦略とは

株式会社丸井グループは、関東の都市部を中心に「マルイ」「モディ」などの百貨店を展開しています。過去には仕入れ販売はもちろん、クレジットカードを発行して金融ビジネスに参入したり、出店企業からの賃料をメインの収益とする賃貸借型へ転換したりするなどの戦略を行ってきました。**そんな丸井の新たな戦略が「売らない店」**。百貨店なのに売らないとはどういうこ

となのでしょうか。

「売らない店」とは、**ネット販売のみを行う新しい店をマルイに出店させ、基本的に店頭では販売せず、ECサイトで販売する**戦略です。たとえば、その一環としてマルイに出店した、オーダースーツを手がける「FABRIC TOKYO」は、店頭では採寸や試着がメインで、販売はECサイトで行います。これではマルイがどのように収益を上げるのかがわかりませんが、実は、工夫があるのです。

＼ マルイ ／

新しい店を出店させてサポート。マルイの独自性を高めて将来の利益につなげる

I ほかの百貨店には出店できないEC専業ショップを出店

大手の百貨店には出店できないような規模の新しい店を出店させ、マルイの独自性を高めることができる。また、来店客にとっても、販売がないのでプレッシャーを感じず、のびのびと商品を見ることができるというメリットが。

出店する店にもメリットあり！

「売らない店」戦略について、まずは出店する側のメリットを考えてみます。新しい店にとっては、マルイに出店することで、認知や信頼を得られます。また、マルイに運営サービスを提供してもらえるため、店舗運営のノウハウを身につけることも可能です。さらに、ネットとリアルを併用すると、客単価が増すという効果もあるといわれています。

マルイにとってのメリッ

II
エポスカードの使用で、金融事業の売上拡大

マルイではエポスカード限定キャンペーンなどを行い、カードの利用を後押ししている。

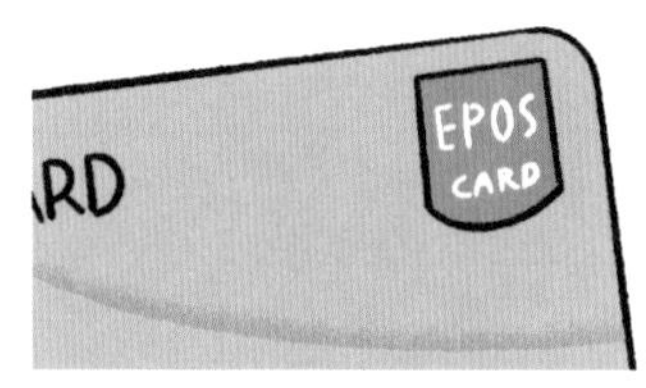

株価が上がればキャピタルゲインが！

マルイが資本出資をしている場合、新しい店が成長すれば、株の売却によって利益を得られる。

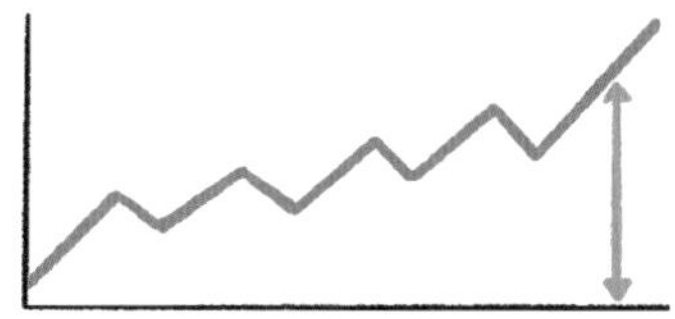

似たビジネスも登場！

大丸東京店の「明日見世」など、も売らない店は増加中

国内では、2021 年に大丸東京店にショールーミングスペースとして「明日見世」を、さらに、ニューヨーク発祥の売らない百貨店も日本に進出する計画があるといわれている。すでに、こうした「売らない店」の競争ははじまっている。

トは、新しい店をテナントにすることで、**百貨店として独自性を高める**ことができます。実際に「売らない店」を出店してから、来店客は増加しているそうです。

　また、販売するのはECサイトですが、その際、丸井の発行する**エポスカードを使えば、丸井の収益になる**のです。さらに、丸井は「売らない店」へ資本出資も行っています。将来的に「売らない店」が成長し、株価が上昇すれば、**キャピタルゲインを得られる**可能性もあるのです。

スタジオアリスは、いわゆる“街の写真館”とは真逆のことを行ってる!?

従来の写真館

特別な日に家族がそろって正装で訪れ、カメラマンの指示を受けながら撮影。基本的にはどの写真を現像するかはカメラマンに一任されていた。

特別なものだった写真館での記念撮影

「正装で訪れ、カメラマンの指示のもと、記念撮影する」ものだった写真館。現在、この真逆のスタイルで撮影を行っているのが株式会社スタジオアリスです。

多くのスタジオアリスがあるのは、親子連れで訪れる大型商業施設のなか。**スタッフは女性が中心で、相談をしやすい雰囲気**をつくっています。女性スタッフには、赤ちゃんや子どもの緊張をほぐすノウハウが

あり、着付けやメイク、撮影を同じスタッフが行うため、**赤ちゃんも安心して笑顔で撮影**できます。そして、衣装のレンタルやメイク、着付けは何度でも無料で、何カット撮っても定額。**普段着で訪れ、衣装を選びながら撮影することができる**のです。撮影した写真は、モニターで確認し、気に入ったものを注文するシステムになっています。

こうした工夫により、スタジオアリスは、特別なものだった記念撮影を、気軽なものに変化させたのです。

＼ スタジオアリス ／

いくつもの工夫により、普段着の親子連れが気軽に行ける写真スタジオに

I 子どもの笑顔を引き出すプロが担当。多くの顧客がリピーターに。

女性を中心とするスタッフの多くが、子どもの緊張をほぐすノウハウをもち、着付けから撮影まですべてを担当するため、自然な笑顔を撮影できる。こうした対応は一般には難しいため、一度スタジオアリスを利用した顧客の多くがリピーターになるという。

撮影カットが多くなり注文する写真も増加

前述の工夫からわかるように、スタジオアリスのターゲットは子ども。**9割以上が子どもメインの撮影であり、リピーターになる顧客が多い**ようです。

子どもの扱いに習熟した1人のスタッフが複数のタスクをこなすことで、顧客満足の向上と業務効率化を同時に実現しています。また、**大型商業施設に立地し、外から店内が見えるつくりにしているのも、親子連れ**

Ⅱ 大型商業施設のなかなどにあり、明るく外から見えるので入店しやすい

大型商業施設のなか、もしくは、郊外の広めの敷地に立地することの多いスタジオアリス。小さな子どものいる家族連れでも訪れやすく、外からでも店内の様子が見えるので、入店しやすい。

Ⅲ 何度でも撮影でき、写真を自分で選ぶ仕組みによって注文が増加

豊富な衣装や小物を使い、たくさんのポーズを撮影し、そのなかから注文する写真を自分で選べる仕組みによって、注文数が飛躍的に増加。

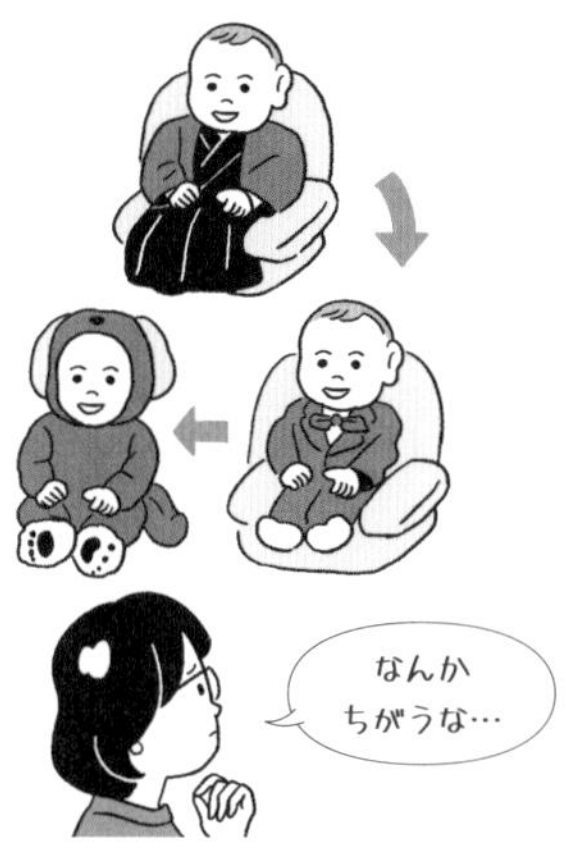

に気軽に入店してもらうための戦略です。

スタジオアリスは、ほかの子ども向け写真館に比べて衣装類が充実しており、こうしたアイテムを使ってさまざまな衣装・ポーズのカットを撮影できます。大きなポイントは、従来の写真館では職人が行っていた**〝写真のセレクト〟を顧客が行えるようになったこと**にあります。顧客自身が写真を選ぶことで、注文する写真の数が格段に増え、売上の向上に寄与しているのです。

7

多くの劇団が中小規模のなか、劇団四季はなんで大きくなれた?

劇団四季をここまで成長させた戦略とは

国内でもっとも有名な劇団の1つである劇団四季。創立は1953年で、1967年に四季株式会社として法人になりました。7つの専用劇場をもち、年間3000回以上、現在はミュージカルを中心とした演目を上演しています。ここまで成長した背景には、いくつかの戦略があります。

1つは演目の選択です。ミュージカルの本場はアメリカですが、現地では大半

の演目はヒットせず、人気作になるのはほんの一部。劇団四季では、**海外でヒットした作品を上演することで、失敗の確率を下げている**のです。

また、**「研究生」という練習生を抱えている**のもその1つ。毎日のようにダンスなどのレッスンを行い、その質を維持しています。そして、**スターのような存在をつくらないのも戦略**の1つでしょう。ある役に対して複数人が演じられるようにして、効率的な上演を可能にしているのです。

＼ 劇団四季 ／

ヒット作品にしぼってリスクを避け、演者の資質に頼らない工夫で演劇のクオリティを担保

I キャッツやライオンキングなど、すでに海外でヒットした演目を上演し、リスクを避ける

リスクの高いミュージカルの世界で、すでに海外で成功した「キャッツ」「ライオンキング」「オペラ座の怪人」「マンマ・ミーア」などを上映することで、ヒットの確率を上げている。

リスクをおさえクオリティを高める

もう少し詳しく、劇団四季の戦略を見てみましょう。

海外でヒットしたミュージカルを日本で上演するには、多額のロイヤリティが発生します。しかし、それを支払うことで、**ヒットしないという致命的なリスクを回避している**のです。また、「研究生」は、入所料からレッスン料などすべて無料。さらに、個人で使える25の練習室やトレーニングジム、マッサージルーム

万が一に備える、スターをつくらないシステム

ダブルキャスト、トリプルキャストを配して属人性を排除することで、リスクを避ける。

III

舞台に専念できる一貫育成体制で質を維持

オーディションに合格すると、一部は「研究生」と呼ばれる練習生になる。研究生は月〜土曜日の午前中から夕方まで、無料でバレエやジャズダンス、呼吸法などのレッスンを受ける。

劇団四季とは正反対

カリスマ・スターを生む宝塚のシステム

劇団などではスターをつくり、観客を増やすという手法は一般的。特に宝塚歌劇団などは、花、月、雪など各組の頂点に「トップスター&トップ娘役」がおり、そこから２番手、３番手というヒエラルキーがある。

を備えた拠点をもち、**演劇に集中できる環境をつくって高品質な演目を上演しています。**

宝塚歌劇団など、多くの劇団ではトップスターにファンが付き、その人を見るために訪れるという観客は少なくありません。しかし、**劇団四季では、こうした属人性をおさえ、同じ役を高いクオリティーで複数人が演じられるシステムを**つくり、万が一の演者の降板による払戻しや、公演中止というリスクを防いでいるのです。

三菱電機のエレベーターって古くから変わらずジレットモデルなんでしょ？

従来のエレベーター

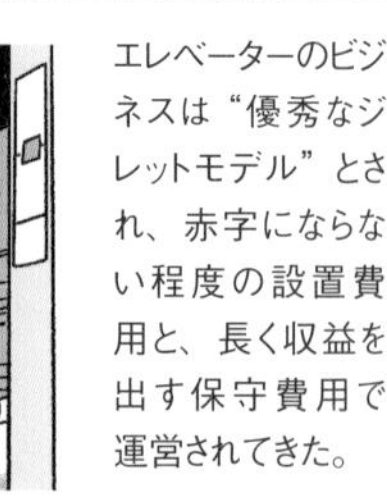

エレベーターのビジネスは“優秀なジレットモデル”とされ、赤字にならない程度の設置費用と、長く収益を出す保守費用で運営されてきた。

ジレットモデルが難しくなった業界

現在、変化を迎えているエレベーターのビジネス。実は、ニュースで目にするエレベーターの「振動が○○」などのトピックは、ビジネスと関係があるのです。国内最大手メーカーである三菱電機を見てみます。

エレベーターのビジネスは、保守で長く利益を得るジレットモデルです。しかし、建設費の高騰から設置費がおさえられる一方、マンションの組合などが管理

する保守費の値上げには限界があります。さらに、低価格で保守を行う専門業者も成長し、ジレットモデルが難しくなっているのです。

そうした現状で、「上昇中も床の10円玉が倒れない」「螺旋型エスカレーター」など、**技術的な優位性の訴求は、アジア市場への展開では大きな意味があります**。また、三菱電機では、**行先予報システムの開発や空調・照明部門との連携で、さらなる省エネや運行効率の改善**を行い、差別化を目指しています。

ビルのブランディングに加え、他部門との連携によるハイテク化でさらに差別化を進行

I 三菱電機のエレベーターがビルのブランディングの1つになる

ローエンドの価格帯のエレベーターを採用するビルが多いアジアなどでは、三菱電機の技術を周知することにより、「三菱電機のエレベーターを採用している」ことがビルのブランディングや価値向上になり、販促面で大きな意味をもつ。

ITや他部門と連携で快適性向上を目指す

先述のように、技術的な優位性のアピールは、アジアへの展開で役に立ちます。というのも、マンションのパンフレットなどにエレベーターメーカーが記載されるため、**「技術力のある三菱電機のエレベーターの導入」は、ビルの価値向上**につながるのです。

三菱電機が開発をしている行先予報システムは、行先を指定して同階で降りる利用者をまとめ、最少の停

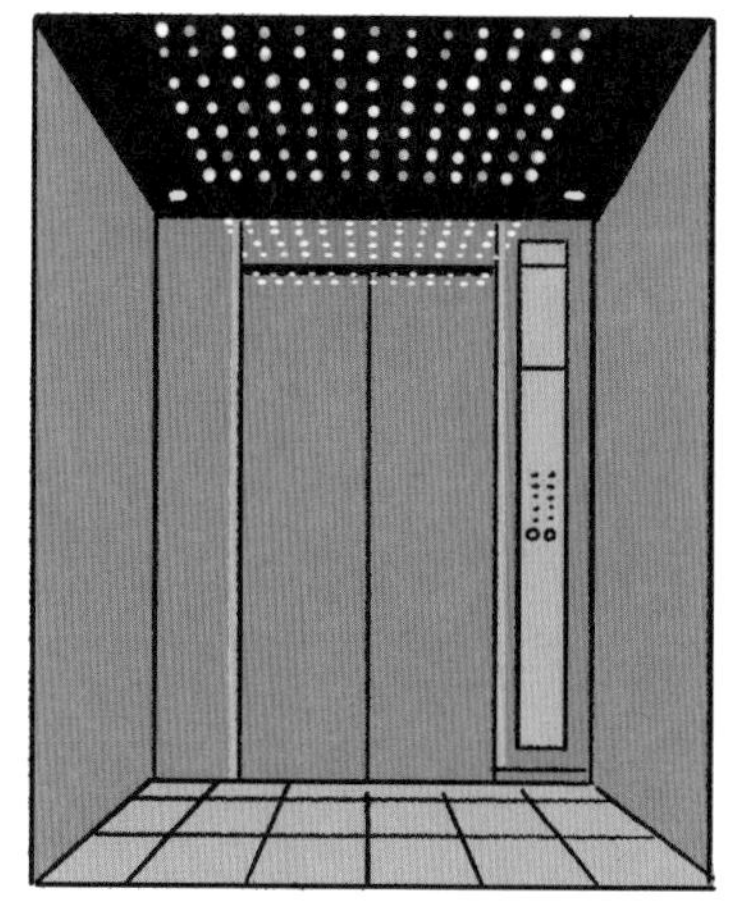

三菱電機の強みを生かし、照明や空調とも連携

三菱電機では、利便性や防犯性を高めつつ、コスト削減ができる行先予報システムや、セキュリティゲート、ICカードとの連携を進めており、照明や空調との連携により、より快適な仕組みを目指している。

日本では当たり前!?

現在ではもう差別化につながらない「リモート点検システム」

エレベーターの安全性の担保とコストの削減を両立するため、三菱電機では遠隔で点検ができる「リモート点検システム」を採用している。しかし、国内では大手が追随し、これだけでは差別化は難しくなっている。

止回数で目的階に行けるシステムです。

利用者は、**停止階数が少ないので素早く移動できる**ようになり、ビル側は、**運転効率が上がって省エネ、混雑が解消される**といったコスト削減が見込めます。また、セキュリティゲートと連動すれば、防犯性もさらに向上するなどのメリットもあるでしょう。

現在では、三菱電機の強みである空調、照明などとの連携を強め、より高度な快適性の研究も進められているのです。

建機などに付いているコマツのKOMTRAXって何がすごいの?

KOMTRAXとは

GPSとセンサーにより、建機の位置情報の取得や運用状況のモニタリング、遠隔制御が可能になる装置。世界中の建機に装備されている。

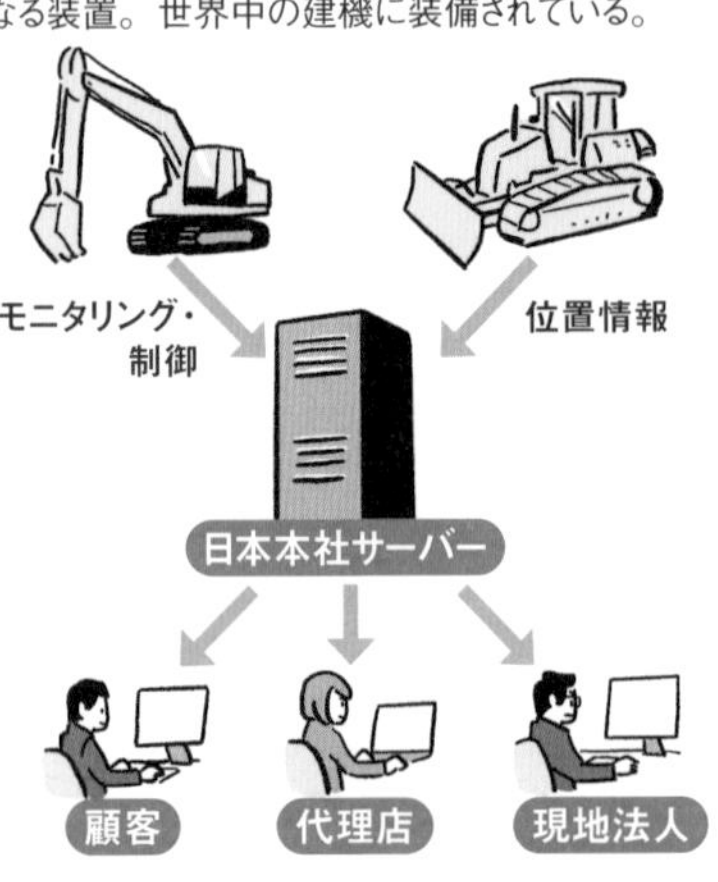

建機に付けた装置で新たなビジネスが

KOMATSUの名前で世界に知られるコマツ（小松製作所）。建設機械メーカーである同社は、KOMTRAXという装置を建機に装備し、従来とは異なるビジネスを構築しています。

KOMTRAXの用途の1つが盗難防止。想像以上に盗難の多い建機ですが、位置の把握に加え、不自然な速度の走行も検知して、盗難を防止しています。また、保守や燃料のコストが

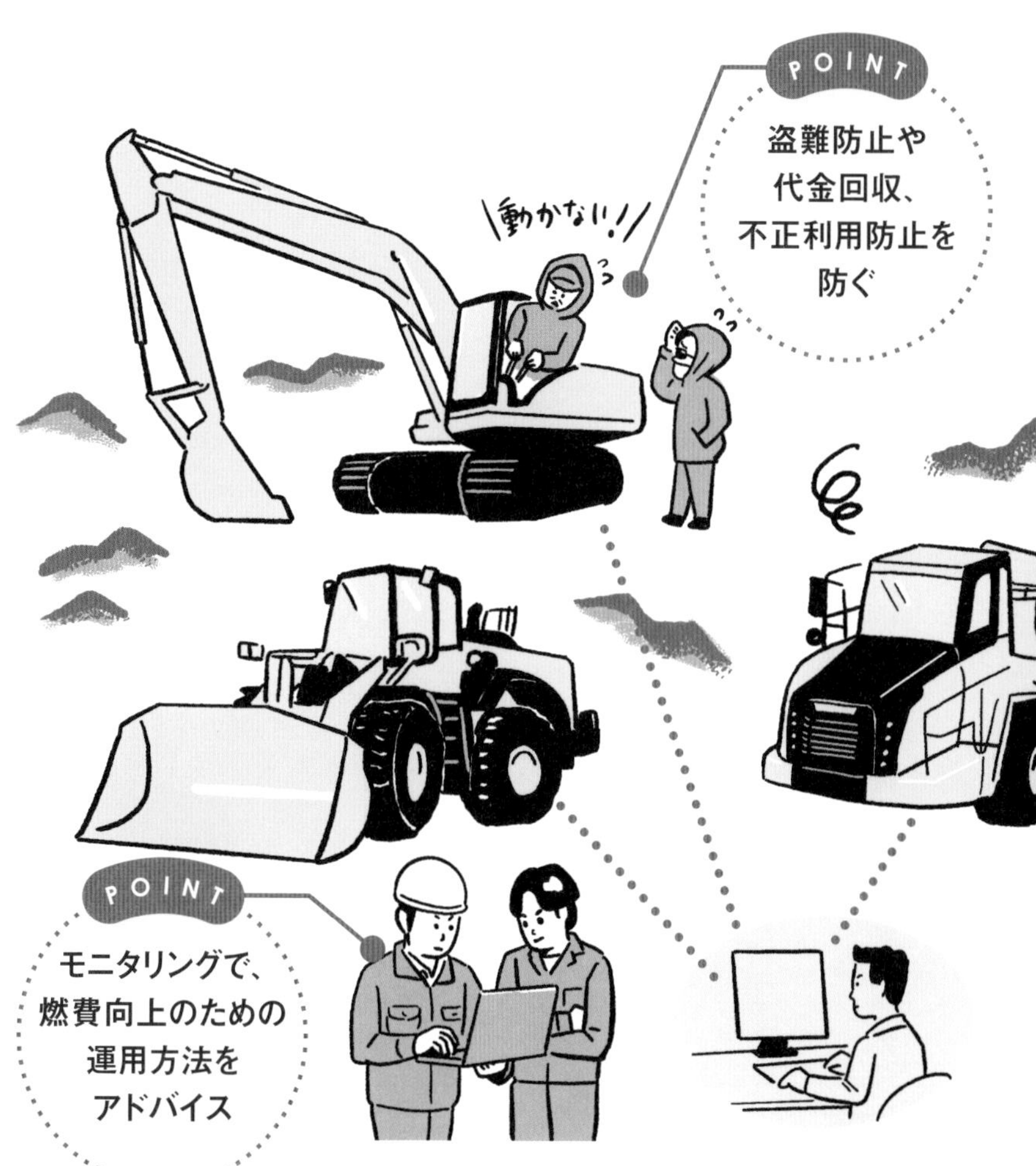

大きい建機ですが、**運用をモニタリングすることで、同社から燃費向上などの支援**を行えるのです。

KOMTRAXが力を発揮するのが故障周りです。建機が故障すると、建機の位置や故障箇所の特定、修理備品の収集など大きな手間がありました。しかし、KOMTRAXがあれば、**本部で必要な情報を把握し、すぐに修理を手配**できます。さらに、モニタリングによって交換時期・故障しそうな部品もわかり、**故障の予防にもつながる**のです。

＼ コマツ ／

ビジネスの面では、利益率の向上や精度の高い需要予測が可能に

I 故障が起きる前に対応し、純正品を販売して利益率向上

コマツでは、建機が故障をしないように、常時、その状態をモニタリングしている。交換時期の部品のケアはもちろん、故障の兆候があればサービスマンが現場を訪れ、対応を行う。純正部品を適正価格で販売するため、利益率が向上。

利益率の向上や需要予測を実現

顧客へのメリットの多いKOMTRAXですが、コマツのビジネスにはどんな変化があったのでしょうか。

もっとも大きな変化の1つは、コマツが「予防保全」と呼ぶ、故障を未前に防ぐ仕組みです。建機業界では、修理には安価な互換部品が使われることが多いのですが、故障前の交換であれば、割高でも同社の純正部品を販売できます。これは顧客にとっても、故障後

II 建機の稼働状況データから需要予測を立てることが可能に!

KOMTRAXが広まる以前は、注文の数によって需要を予測するしかなかったが、KOMTRAXによって、建機ごとの詳細な稼働時間を把握できるようになり、高い精度で需要予測ができるようになった。

実は似ている!

KOMTRAXはマネージド・プリント・システムと似た仕組み

KOMTRAXは、複合機の製造販売を行う富士フイルムビジネスイノベーションの「マネージド・プリント・サービス」と似た仕組み。同サービスでは複合機の状態をオンラインで把握し、効率的にサービスを展開している。

の煩雑な修理の手続きや、別の建機の手配などのコストや手間に比べれば、トータルでは安く済みます。**純正品の販売増加により、利益率の向上につながっている**のです。

また、現在世界中で約33万台の同社の建機が稼働しており、KOMTRAXによって、どの建機が、どのくらい動いているかをリアルタイムで把握することができます。こうしたデータを活用し、**将来の需要予測をすることも可能になった**のです。

似ているようでまったく異なる❶

Times PARKINGと三井のリパークの駐車場ビジネス

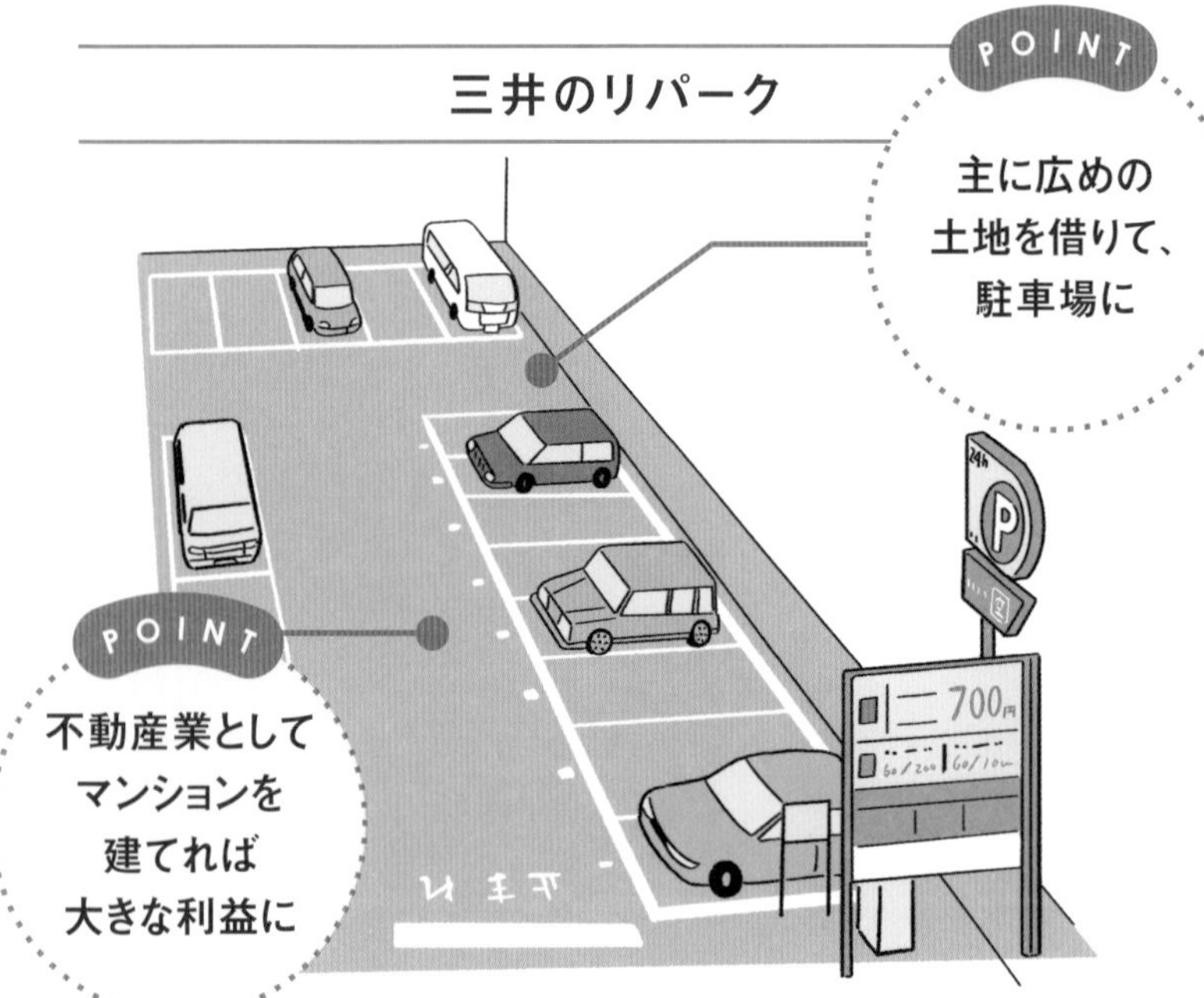

利用者には同じでも中身は異なる

街中に立つ「Ｔｉｍｅｓ ＰＡＲＫＩＮＧ」や「三井のリパーク」といった時間貸駐車場の看板。「Ｔｉｍｅｓ～」は、パーク24株式会社が、「三井の～」は三井不動産リアルティ株式会社が運営しています。**まったく同じビジネスモデルに見えますが、実は2社は異なります**。まずは、駐車場運営事業の概要を見てみましょう。

どちらの駐車場も、オー

ナーから土地を借り、運営を行うのが基本です。オーナーが駐車場運営をはじめる際、負担するのは整地料のみ。看板設置や電気工事などは運営会社が行うため、オーナーは少ない初期投資ではじめることができます。

そして、特徴的なのは**オーナーへの支払いが定額であること**。運営会社は、駐車場の利用が少なければ赤字になるリスクもありますが、オーナーへの支払い額を算出する手間が省けるのです。

駐車場ビジネス専業のTimes PARKINGと、不動産業が柱の三井のリパーク

I Times PARKINGでは、安定した運営で駐車場オーナーの解約をおさえる

駐車場専業であるTimes PARKINGは、安定した運営により、解約率をおさえている。ちなみにTimes PARKINGでは、47～48%が駐車場の最適な稼働率としている。数字が意外と低いのは、1～2台は空いていないと、客離れを起こしてしまうからだそう。

比較的、広い三井と狭いパーク24

パーク24株式会社と三井不動産リアルティ株式会社のちがいを見てみましょう。

駐車場運営事業を先行し、オーナーへの定額支払いなどをはじめたのは「Times PARKING」です。その後、ホテルなどの来客用駐車場の運営を受託する事業も開始。こうした事業の成長を見て、「三井のリパーク」が参入したのです。

駐車場運営事業では土地の調達がポイントです。三

Ⅱ 広い土地を調達する三井のリパーク。マンションに転用することも

三井のリパークは、比較的広い土地を調達し、Times PARKINGよりも賃料を高額に設定。将来的に、マンションへの転用を考えていることも。

現在、新たな事業も

パーク24ではカーシェアリング事業をもうひとつの柱に

パーク24は、自社の駐車場を活用し、カーシェアリング事業として「タイムズカー」をスタート。新たに駐車スペースなどを確保する必要がなかったため、参入することができた。現在では14,000箇所以上の拠点がある。

井は本業が不動産であり、圧倒的な土地調達力があるため、**比較的広い土地を確保することができます**。広い土地を調達し、将来的にマンションを建てられれば、大きな利益を生むことができます。

一方、**パーク24が調達するのは、比較的狭い土地**。三井よりも資本の多くないパーク24にとっては、**長く駐車場として運用し、解約率を低くできる**のです。2社にはちがいがあるため棲み分けされており、過剰な競争が起きにくいのです。

似ているようでまったく異なる❷

フロムエーのリクルートと、マッハバイトのリブセンスは何がちがう？

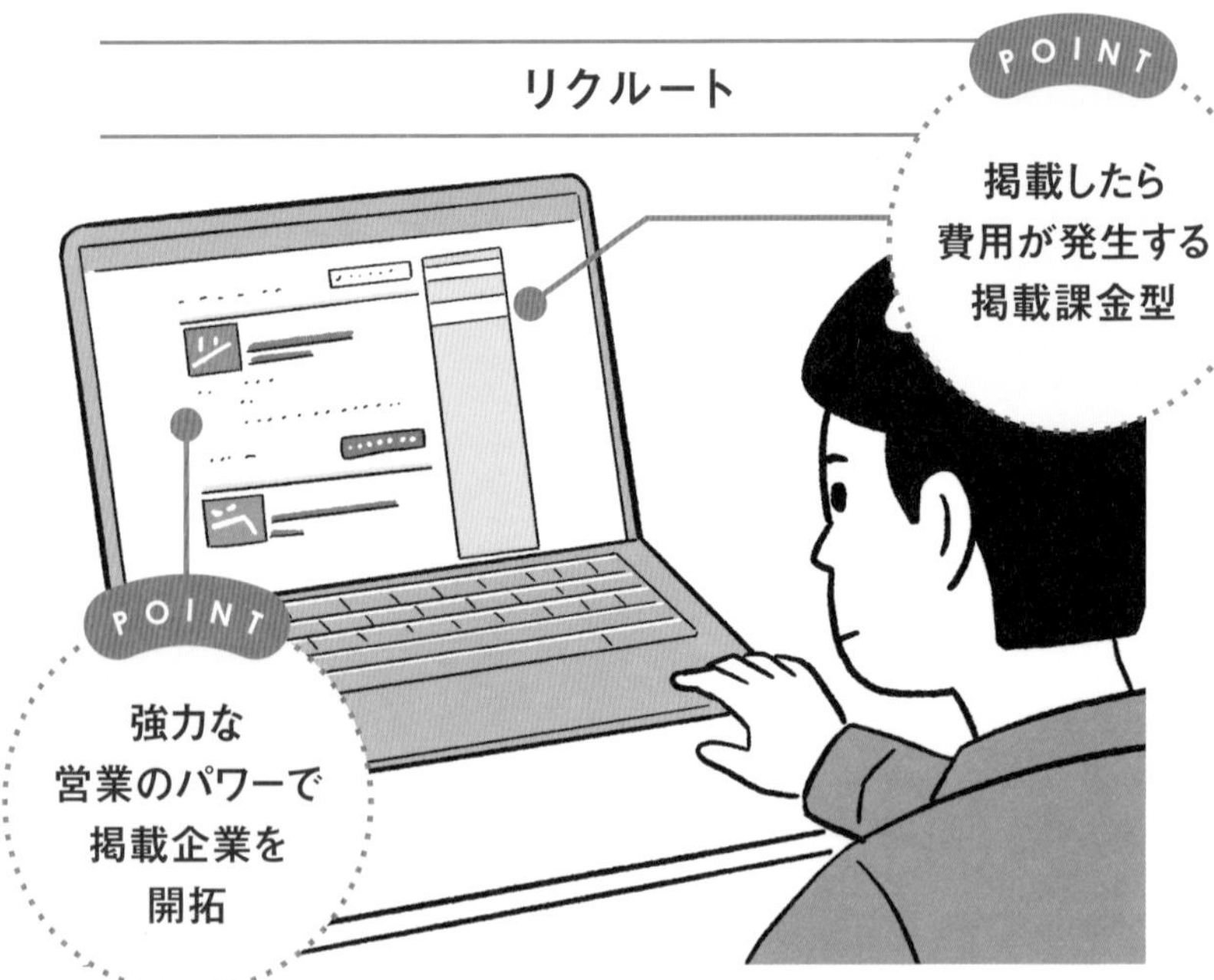

実は大きく異なる求人ビジネス

アルバイト求人サイトの「フロムエー」を運営するリクルートと、「マッハバイト」のリブセンス。利用者にとっては、似ているサービスですが、ビジネスモデルは大きく異なります。「フロムエー」は、**アルバイトを募集したい企業を集め、掲載料を受け取って契約をした期間、サイトに掲載**。掲載課金型と呼ばれる仕組みです。それに対し、「マッハバイト」は、**掲載**

リブセンス

自体は無料で、採用できた段階でリブセンスへ払う費用が発生します。こちらは成果報酬型と呼ばれるビジネスモデルです。

このちがいは、それぞれの企業の強みが現れています。古くから情報誌での求人を行っていたリクルートには強力な営業力があり、そのパワーで掲載企業を集めています。一方で、リブセンスはウェブメディアを運営する企業であり、検索エンジンで上位に表示するSEO対策によって集客力を高めているのです。

掲載課金型のリクルートと、成果報酬型のリブセンス

I 売上減少の可能性が高く、営業担当の多いリクルートは成果報酬型には変えにくい

成果報酬型では売上が減り、営業担当が多いため、リブセンスより低いコストで顧客を集めるのが難しい。また、「効果があるので掲載しましょう」と掲載料を受け取っていたが、「効果があったら報酬をください」では、論理に齟齬があるため、切り替えできないという面も。

異なるのはコストが発生するタイミング

掲載課金型のリクルートと、成果報酬型のリブセンス。効果があったときのみコストが発生する仕組みのほうが、掲載をする顧客にとっては優位性がありそうです。しかし、リクルートには成果報酬型に切り替えにくい理由があるのです。

その理由の1つが売上の大きな減少。**成果報酬型にすると、将来的には増えるとしても、当面は収入減になる可能性が高いでしょう。**

II SEO対策によって、検索で上位に掲載されるようにする

ウェブ検索では、上位1～2位に表示されたサイトしか見ない人が多いというデータがある。そのため、リブセンスでは、ウェブ検索をした際に、上位表示される技術であるSEO対策をして集客力を高めている。

III 掲載無料のため、質のよくない顧客が混じらないように注意

無料で掲載できるため、冷やかしや、本来の趣旨とは異なる目的で掲載する顧客が申し込む可能性がある。サイトの信頼が失われれば、集客が難しくなるため、顧客の質をケアする必要がある。

また、営業担当者が多いことや、これまでのセールストークと齟齬をきたすという理由もあり、安易な切り替えは難しいのです。

とはいえ、リブセンスの成果報酬型にも問題がないわけではありません。対面した営業を行って集めた顧客であれば、顧客の質を保てますが、**無料掲載だと質のよくない顧客も混じり、サイトの信頼を損なう**リスクがあります。集客のためのSEO対策以外にも、顧客の質を保つ工夫が必要かもしれません。

宿泊予約サイトはいくつもあるのに、予約がバッティングしないのはなぜ？

一休.com

楽天トラベル

じゃらんnet

ホテル予約サイトの仕組みイメージ

ホテル

ホテルの予約システム

一休.com

楽天トラベル

じゃらんnet

ホテルの予約システムと、「一休.com」「楽天トラベル」「じゃらんnet」などの予約サイトがつながっており、予約の受付・管理を行う。

サイトとサイトの間で流れを整理

現在では、生活になくてはならないインターネット予約。多くの人が宿泊施設や航空機の予約に使用しています。しかし、インターネット予約をしたホテルで、ほかの客と予約が被ったという経験がある人はあまりいないでしょう。しかし、考えてみると、宿泊業界なら「一休.com」「楽天トラベル」など、異なる企業が運営する予約サイトが無数に存在するため、管理は

相当に煩雑になるはずです。

実は、**ホテルと予約サイトの間には「サイトコントローラー」と呼ばれる存在**があり、独自のビジネスを行っています。宿泊業界を例に見てみましょう。

「サイトコントローラー」は、**ホテルの管理サイトと、複数の予約サイトの間で、関所のように予約の流れを整理**しています。ホテル側がインターネット予約を一元管理できるようにするサービスを提供することで、管理を大幅に効率化しているのです。

ホテルと予約サイトの間で一元管理するサイトコントローラーの存在

I 多くのホテルにとって「サイトコントローラー」はなくてはならない存在

現在、ホテルなどの予約サイトは「一休.com」「楽天トラベル」といった有名なもの以外にも数多く存在するため、ホテル自身が管理するのはほとんど不可能になっている。そのため、ある程度の規模以上のホテルにとって、「サイトコントローラー」は必需品。

〝関所〟通るたびに驚きの利益率を達成

現在ではホテル運営の必需品になった「サイトコントローラー」。管理の効率化以外にもメリットがあります。例えば、**予約被りをなくし、さらに機会損失の防止にも役立ちます**。例えば、20室あるホテルの空きを予約サイトAとBに10室ずつ振り分けたとします。集客力の高いAの予約はいっぱいで、Bは予約がなかった場合、そのままではBの10室が無駄になってし

一元管理により、手間を大幅に削減

ホテルにとっては、予約の管理が効率化し、さらに、分析も容易になったため、マーケティングにも有用。

III

予約被りや機会損失を防ぎ、ネット予約を最適化

「サイトコントローラー」が登場する以前は、多くのホテルで予約被りを避けるため、予約枠が売れていくにつれて、少しずつ予約停止をし、販路を狭めるのが一般的だったという。現在は「サイトコントローラー」のおかげで、最後の予約枠まで、スムーズに販売することが可能になった。

今後、こんな不安が

宿泊施設ではすでに普及済み、新たな業界へ進出が必要

「サイトコントローラー」は、9割程度の宿泊施設に取り入れられ、なかでも大規模宿泊施設では、100%近くに普及しているため、他業種にも広げる必要がある。また、現在、ホテル業界では自社サイトで予約枠を販売する直販に力を入れてるという懸念もある。

まいます。そこで、サイトコントローラーが整理して効率的に販売できるのです。

ホテル業界ではサイトコントローラーとしていくつかの企業が参入していますが、そのなかで唯一上場しているのが手間いらず株式会社です。予約サイトの一元管理には高度な技術が必要ですが、基本的には**一度システムをつくれば、その後は利用料が支払われる仕組み**であり、売上高純利益率はなんと48%にも達しています。

ライフネット生命保険は、なんで高価な生命保険をネットで売れるの?

POINT

**若者に
わかりやすく、
入りやすくするため
保険は5種類のみ、
特約なし!**

一般的な生命保険

ニーズを喚起し、保険の複雑なシステムを説明するために、営業担当者が顧客に対面して加入を勧めるのが一般的だった。

Webで高額な生命保険を売るには

2006年に設立されたライフネット生命保険株式会社は、インターネットで申込みが完結する保険商品を販売しています。生命保険は、仕組みが複雑でわかりにくく、高額な商品なので、営業担当者が対面して販売するのが一般的でした。同社がインターネットでの販売を可能にした戦略を見てみましょう。

インターネットで保険の詳細を理解させるのは難し

いため、同社では扱う保険を「定期死亡保険」「がん保険」など、**わかりやすい5種類の保険にしぼった**のです。同時に、**保険のオプションである「特約」をすべて廃止**。徹底的にわかりやすさを追求しています。

また、営業担当者がいないため、保険料のうち広告費や人件費にあたる「付加保険料」をおさえることができます。これにより**保険料を安くできた**のはもちろん、なんとその**内訳を公開**。余計な費用がかかっていないことをアピールしたのです。

ライフネット生命保険

わかりやすさを追求し、ネットで保険料をおさえる。さらに、他社にはマネできない内訳を公開！

I 若者向けのわかりやすい保険にしぼり、保険会社の収益となる特約はなし

ライフネット生命保険で扱うのは、「定期死亡保険」「終身医療保険」「終身医療保険（レディース）」「がん保険」「就業不能保険」の5つだけ。また、わかりやすさを重視し、「特約」は扱っていない。

他社と連携し、有人の代理店にも拡大

ライフネット生命保険の戦略に対し、ほかの大手保険会社は、**在籍する営業担当者が無駄になってしまうので、インターネット専業に切り替えるのは難しい**のです。また、同社よりも人件費の割合が高いため、**「付加保険料」を公開するメリットはありません**。さらに、一般的な保険会社にとって**「特約」は大きな収益源であるため、廃止することはできない**のです。

II

インターネットを利用し、保険料を下げる

インターネットで集客をすることで、保険を勧誘する営業担当者が必要なくなり、人件費などのコストを大幅に下げることができる。そのため、保険の内容は同じでも、保険料をおさえることができた。

コストを公開し、余分な費用がないことをアピール

保険の支払いに使われる「純保険料」と、その他の「付加保険料」を公開している。

現在はこんなことも

リアル店舗にも出店し、他企業とも連携を強化

高額な生命保険をインターネットで販売するのは難しく、また、他社もネット販売をはじめたこともあり、ライフネット生命保険はリアルな店舗の「ほけんの窓口」でも販売。さらにauやセブン&アイ、マネーフォワードなどとも連携を進めている。

とはいえ、ライフネット生命保険がスムーズに加入者を増やせたかというと、インターネットだけでは難しい部分もあったようです。そこで同社は、２０１４年に有人のタッチポイントとして「ほけんの窓口」と代理店契約を結びました。さらに、ＫＤＤＩと提携して「ａｕの生命ほけん」、セブン＆アイと提携して「セブン・フィナンシャルサービスの生命ほけん」を発売。**ほかの企業のブランドや顧客を取り込む戦略により、販売ルートを広げています。**

青山フラワーマーケットと、一般的な生花店は何がちがうの？

POINT
短期間で売り切るため冷蔵庫なしで狭い場所にも出店

一般的な生花店

個人に加え、ホテルや冠婚葬祭に関係する法人もターゲットである店も多く、幅広い種類をそろえる。冷蔵庫も必要なため、店舗が比較的広い。

街の生花店と異なるターゲットと売り方

パーク・コーポレーションが運営する青山フラワーマーケットは、都市部を中心に展開する生花店。同店にも、スタジオアリスと同様に、街の生花店とは異なるビジネスモデルがあります。街の生花店は個人と法人、両方がターゲットの店が多く、両者では必要な花が異なるため、それぞれに合わせた、つぼみの状態の花を市場で仕入れます。店舗の冷蔵庫で保存し、出荷

という流れです。

対して同社は、**「家庭に花を飾る個人」のみがターゲットで、「2〜3日で売り切る」ことを目指しています**。これにより、**用意する花の種類は限られ、冷蔵庫も必要ありません**。保存する必要がないので、つぼみだけでなく、咲きかけた状態でも仕入れることができます。また、農家と直接取引し、安価に仕入れているのも特徴です。さらに、**売れ残れば、ブーケやドライフラワーにして、無駄なく販売**しています。

個人への販売に特化し、短期間で売り切る。さらに、残ったら加工して販売

I ホテルや自治体などの法人ではなく、一般人をターゲットにして在庫数をおさえる

青山フラワーマーケットでは、家庭に花を飾る個人をターゲットにしているため、例えば、冠婚葬祭などに使う胡蝶蘭などは確保する必要がない。

メリットは多いが他社はマネできない

青山フラワーマーケットの「ターゲットは家庭に花を飾る個人」「2〜3日で売り切る」という戦略により、確保する花の種類が少なくて済み、冷蔵庫も必要ありません。**小さな店でも営業できるため、賃料をおさえられる**メリットもあります。また、仕入れの面でも、つぼみよりも**咲きかけのほうが安く、コスト削減にもつながっている**のです。

さらに、ブーケなどにして

II 数日での売り切りを目指しているため、つぼみの状態である必要はない

多くの生花店では、冷蔵庫で保存する期間があるため、仕入原価の高いつぼみの状態で仕入れる必要があるが、青山フラワーマーケットは短期間で売り切るため、咲きかけの状態でも問題ない。

III 売れ残ったら、ブーケやドライフラワーにして販売し、廃棄率を下げる

生花の状態で売れ残ったら、茎を切ってブーケにし、それも残ったらドライフラワーにして販売。これにより、一般的には10%ほどといわれる廃棄率を3%ほどにまで低減している。

販売することで、**廃棄率を低くおさえています。**

メリットの多い戦略ですが、同業他社が同様のことをできないのには理由があります。１つが、ターゲットである法人の存在。生花店では利益率が高く、また、長年取引をしてきた法人とのビジネスを急に止めるのは難しいのです。また、投資をして冷蔵庫を導入しているため、捨てるのは難しく、捨てるとしてもコストがかかるので踏み切れない、という面もあります。

COLUMN

4

グループ内で相乗効果を高めて事業を行うイオン銀行

本書に登場したセブン銀行（P54）とともに、小売が事業の中心であるグループが運営しているイオン銀行。では、イオン銀行もATM手数料で利益を上げているのでしょうか？

イオン銀行の主な収益は、金利と利息の差額や、有価証券の配当金などとされ、一般の銀行と大きくは変わりません。しかし、買い物客が訪れる**小売店を顧客とのタッチポイントにして、小売業と金融業の相乗効果を高めています**。

例えば、イオン銀行で住宅ローン契約をすると、イオンでの買い物が常に５％割引になる特典があります。また、イオン銀行はネット銀行でありながら店舗に窓口があるため、ネット銀行に不安がある層も取り込むことができるのです。

さらに、同系列のイオンクレジットサービスが発行する「イオンカード」という、会員が約3000万人もいるクレジットカードや、イオンの電子マネー「WAON」の存在もあります。イオンカードとWAON、イオン銀行のキャッシュカードが一体化した「イオンセレクトカード」は、**普通預金の金利を通常より0.1％も上乗せする特典があり、イオン銀行への誘導が可能**なのです。

このように、イオン銀行は、グループ内で相乗効果を高めながら事業を行っているのが特徴でしょう。

INDEX & ひと言解説

本書に登場する企業やサービス、
ビジネス用語などを簡単に解説します。

機会損失
P139

利益をもっと増やせる状況であったにもかかわらず、企業が適切な手を打たなかったために、上げ損ねた遺失利益。やらなかったことによる損。

企業資産
P24

企業独自の人材や設備、ノウハウ、ネットワーク、資金など企業が備えた資産。

企業資産の負債化
P25

競争するうえで、企業資産の価値がなくなるようにする戦略。

キャピタルゲイン
P113

株式などの資産を売却することで得られる売買差益。

QBハウス
P23 ／ P106

散髪以外のサービスを排除して回転率を上げ、10分1000円での散髪を実現した理容室。2023年4月時点では1350円。

崎陽軒
P23 ／ P84

横浜名物のシウマイの製造、販売を行う。横浜周辺に限定して展開することで名物として認知され、お土産にも広がった。

エムスリー
P94

医療従事者を対象とした医療ポータルサイトなどの運営を行う。医師の9割が使用しているといわれる。

LCC
P46

格安航空会社。効率化により低価格な航空輸送を実現した。簡素化されたサービスも特徴の1つ。

青梅慶友病院
P19 ／ P88

東京都青梅市にある高齢者専門病院。患者はもちろん、患者の家族もターゲットとしている。

カーブス
P25 ／ P98

女性専用フィットネスクラブ。ハード、ソフト両面で、女性が気軽に通える工夫をしている。

鎌倉新書
P42

かつては出版社だったが、葬儀に関するさまざまな情報を発信するポータル企業へと転換。

ガリガリ君
P80

年間4億本販売される赤城乳業の看板商品。2016年に60円から70円に値上がった。

サウスウエスト航空
P25 ／ P46

LCCの元祖である航空会社。航空機の種類を単一機種にしたり、小さな空港同士を結ぶ空路を生み出した。

差別化
P22 ／ P36

商品やサービスにおいて、他社とのちがいを生み出すこと。

事業の共喰化
P25

大手企業などが強みとしてきたサービスや製品と共喰い関係にあるものを提供する戦略。

市場資産
P24

企業の顧客や販売済の製品、企業イメージなど、顧客側に蓄積された資産。

市場資産の負債化
P25

競争するうえで、市場資産の価値がなくなるようにする戦略。

ジレットモデル
P28 ／ P82 ／ P122

製品の本体は利益がほとんどない低価格で提供し、消耗品を継続して販売することで、利益を得る仕組み。

劇団四季
P118

ミュージカルを中心に公演を行う国内最大規模の劇団。海外でヒットした作品を上演し、高いクオリティーを担保するシステムがある。

ゴアテックス
P62

透湿性と防水性、防風性を備えた、高い機能をもつ素材。高品質なジャケットなどに使用されている。

航空系収入
P50

空港会社において、航空機の着陸料や停留料、旅客サービス施設使用料、給油施設使用料など航空機に関わる収入。

コマツ
P27 ／ P126

建設機械メーカーである小松製作所。国内の建設機械ではトップシェア、世界でも第2位。

KOMTRAX
P126

コマツが開発した、建設機械の位置情報取得やモニタリング、制御が可能になるシステム。

サイトコントローラー
P138

宿泊施設と予約サイトの間などで、予約情報を統合し、最適化をはかるサービス。

損益分岐点

P56

仕入れ原価などの変動費と設備費などの固定費の合計が、売上高と等しくなる点。この分岐点を越えれば利益（黒字）になり、下回れば損失（赤字）となる。

損害保険

P72 ／ P76

主に財産が損害を受けた場合に保険金が支払われる保険。保険業界では第二分野と呼ばれる。

ターゲット

P18

ビジネスにおいて、提供するサービスや商品のメインとなる顧客。

大同生命保険

P23 ／ P74

中小企業の経営者をターゲットとした保険を販売。税理士団体TKC全国会と提携した。

宝島社

P25 ／ P40

読者でない人をターゲットとする、出版業界では異例の戦略で数々の雑誌のシェア1位を獲得。

手間いらず株式会社

P141

宿泊施設と予約サイトの間にあるサイトコントローラーを運営する。

スーパーホテル

P23 ／ P36

ビジネスホテル。見える部分の差別化と見えない部分の効率化を進め、低価格と顧客満足を両立している。

スタジオアリス

P114

子どもをターゲットにした写真スタジオ。普段着で気軽に訪れて撮影できる。

生命保険

P72 ／ P74 ／ P142

被保険者が死亡した際に保険金が支払われる命に関わる保険。保険業界では第一分野と呼ばれる。

セブン銀行

P21 ／ P54

セブン&アイ・ホールディングス傘下の銀行。ATMの手数料で利益を得る仕組みをつくり上げた。

セントラルキッチン方式

P32

複数のレストランや学校、病院などで提供する料理を、1箇所で集中して調理するシステム。

ソニー損保

P25 ／ P76

「保険料は走る分だけ」という、保険料が走行距離で決まる自動車保険を日本ではじめて開発した。

ナップワン
P100

フィットネスの従量課金制サービス「Nupp1」を運営。フィットネスクラブへの登録なしで「Nupp1」と契約をしたクラブが使える。

成田空港
P50

多くの国際線の離着陸を行う国際空港。現在は航空系収入より非航空系収入が多く、ショッピングモールのなかでも最大級の売上。

ニッチ戦略
P22

限られた市場で利益を上げる、他社とは競争を避ける戦略。

日本ゴア
P19 ／ P23 ／ P62

アメリカ発祥のWLゴア&アソシエイツが、日本で設立した法人。ゴアテックスで知られる。

ネスプレッソ
P82

ネスレの事業の1つ。「究極のコーヒー体験」をミッションに、カプセル式コーヒーを専用コーヒーメーカーで抽出するシステムを提供。

ネスレ
P82

スイス発祥の世界最大級の売上をほこる食品メーカー。

電子書店
P39

スマホやPCで読む電子書籍専門の書店。

電子取次会社
P39

出版社と電子書店の間で、電子書籍の仕入れや代金管理を行う。

電通
P21

日本最大の広告代理店。古くは広告の販売のみだったが、制作や効果測定の機能をバンドリングした。

東京特殊車体
P66

オーダーメイドで、採血車や競争馬輸送車など、特殊な自動車の製造を行う。

特約
P142

メインとなる保険のことを主契約と呼び、主契約に任意で付加する特別な契約。保険のオプション。

取次会社
P39

出版社と書店の間で、書籍の仕入れや代金・流通の管理を行う。

保険代理店
P73

保険会社と顧客との間で保険の販売を行う。

ほけんの窓口
P145

来店型保険ショップという形態で成長した保険代理店。

星野リゾート
P19 ／ P32

「星のや」や「界」などを展開するリゾート運営会社。温泉旅館などの運営を受託する事業にも取り組む。

マルイ
P110

都市圏を中心にファッションビルなどの商業施設の運営を行う。現在、「売らないデパート」というビジネスモデルに挑戦している。

三井のリパーク
P130

三井不動産リアルティが展開する駐車場運営事業。

パーク24
P27 ／ P130

駐車場に関する機器の販売からスタートし、現在では駐車場運営事業を行う。

バリューチェーン
P20

事業において、価値を生み出す一連の流れ。

バンドリング
P20

バリューチェーンを統合し、事業の川上から川下まで行うこと。

非航空系収入
P50

空港において、物販や飲食などの収入や事務所・駐車場使用料、空港までの鉄道施設使用料など。

ヒルティ
P27

多国籍な電動工具メーカー。ヨーロッパでのシェアが高い。販売から顧客サポートを中心とするビジネスモデルに転換した。

ブリヂストン
P19 ／ P27 ／ P68

世界最大級のタイヤ・ゴム加工メーカー。タイヤの販売に加え、トータルパッケージプランというサービスを展開している。

リトレッド
P68

摩耗したタイヤのゴムを新しく貼り替え、その機能を復元して再使用すること。

リバイバルドラッグ
P90

薬を少量だけ仕入れたいニーズと、廃棄に費用のかかる余った薬の仲立ちを行うサービスを展開する。

リブセンス
P25／P134

成果報酬型のアルバイト求人サイト「マッハバイト」を運営。SEO対策で効率的な集客を進めている。

論理の自縛化
P25

これまで大手企業が発信していた論理と矛盾するようなサービスや展開を行う戦略。

ワークマン
P19／P25／P60

現場の作業者向け衣料品の販売からスタートし、機能性が認知されて一般消費者もターゲットに。アパレル業界では珍しい戦略を展開。

三菱電機
P122

国内の大手総合電機メーカー。家電からエレベーター、タービン発電機、鉄道車両用電機品など、さまざまな機器を扱う。

ヤマサちくわ
P23／P85

魚肉練り製品の製造・販売を行う。愛知県豊橋市に本社があり、資源を集中するため、エリアをしぼって展開している。

ライフネット生命保険
P25／P142

インターネットで申込みのできる保険商品を販売。インターネットを活用して保険料をおさえ、わかりやすさを追求して集客している。

リ・バンドリング
P20

アンバンドリングで分割された各機能を、顧客のニーズに合わせて再統合すること。

リクルート
P134

求人広告や人材紹介、人材派遣をはじめ、さまざまなマッチング・ビジネスを提供。アルバイト求人の「フロムエー」では掲載課金型のサイトを運営。

おわりに

conclusion

重要なのは同質的な競争を避け、独自のビジネスモデルを構築していくこと

さまざまなビジネスモデルを見てきましたが、印象的な企業はありましたか？

日本では古くから、同業他社がやるからやる（やらないからやらない）「横並び志向」や、成長産業に多くの企業が参入する「満員バス現象」が問題視されていました。その結果、過度な価格競争におちいり利益率が下がり、業界全体が疲弊してしまうことが何度も繰り返されてきたのです。

現在求められているのは、そのような不毛な状況から脱却し、他社とは同質的な競争をしないで成長していく戦略です。低い利益率に悩む日本では、今後さらにその重要性が増してくるでしょう。本書が新しいビジネスを生み出す一助になれば幸いです。

山田英夫

参考書籍

- マーク・ジョンソン（2011）『ホワイトスペース戦略』（CCC メディアハウス）
- アレックス・オスターワルダー & イヴ・ピニュール（2012）『ビジネスモデル・ジェネレーション』（翔泳社）
- 山田英夫（2014）『異業種に学ぶビジネスモデル』（日本経済新聞出版社）
- 山田英夫（2017）『成功企業に潜む ビジネスモデルのルール』（ダイヤモンド社）
- 山田英夫（2021）『競争しない競争戦略 改訂版』（日本経済新聞出版本部）

監修　山田英夫（やまだ・ひでお）

慶應義塾大学大学院経営管理研究科（MBA）修了後、三菱総合研究所にて大企業のコンサルティングに従事。1989年早稲田大学に転じ、大学院経営管理研究科（ビジネススクール）教授。専門は、競争戦略論、ビジネスモデル。博士（学術：早稲田大学）。アステラス製薬、NEC、ふくおかフィナンシャルグループ、サントリーHDの社外監査役・取締役を歴任。主著に『競争しない競争戦略　改訂版』『異業種に学ぶビジネスモデル』日本経済新聞出版、『成功企業に潜むビジネスモデルのルール』ダイヤモンド社、『ビジネス・フレームワークの落とし穴』光文社　など。

サクッとわかる ビジネス教養　ビジネスモデル

2023年3月25日　初版発行
2023年9月15日　第3刷発行

監修者　山田英夫
発行者　富永靖弘
印刷所　公和印刷株式会社

発行所　東京都台東区台東2丁目24　株式会社 新星出版社
〒110－0016　☎03(3831)0743

ISBN978-4-405-12020-4